ALAIN GIRESSE
avec Dominique Sévérac

# NÉ POUR JOUER

Robert Laffont

ISBN 978-2-221-24829-4
Dépôt légal : juin 2021
Éditions Robert Laffont – 92, avenue de France 75013 Paris

# 1

## Charpentier

Encore aujourd'hui, j'ai ce flash dans la tête : j'avais 2 ou 3 ans et je regardais mon père jouer au football avec La Bastidienne, un vieux club de Bordeaux né en 1904. C'était la seconde équipe de la ville mais il évoluait en CFA, le plus haut niveau amateur de l'époque, juste en dessous de la Division 2 professionnelle. Le Sporting Club de La Bastidienne, sur la rive droite, dans le quartier de La Bastide, jouait au stade Galin, une magnifique enceinte à flanc de colline avec seulement deux tribunes latérales couvertes tout en béton.

À l'époque, mon père avait comme partenaire Maurice Domergue, surnommé Toto, le papa de Jean-François, joueur que je côtoierais aux Girondins comme en équipe de France. Nous étions dans les gradins, nous avions fait de la route pour venir car nous habitions dans la périphérie plus rurale de la ville, dans le village de Langoiran.

Le reste est flou : je ne sais plus quel match mon père jouait ce jour-là, ni à quel adversaire son équipe faisait face, mais je me revois là, dans les tribunes, avec ma mère et les encouragements des supporters. Le temps n'a jamais gommé cette image de fierté et de joie.

Ma passion pour le football vient de mon héritage familial. Mon père, Jacques Giresse, était un grand joueur de niveau régional. Il était arrière gauche, très rapide et doté d'une frappe de balle impressionnante. Un latéral moderne avant l'heure, capable d'apporter le surnombre offensivement. Il était à l'aise avec les deux pieds, tirant indistinctement du droit comme du gauche. Il n'a jamais franchi ce niveau amateur mais il a remporté plusieurs championnats ou coupes de la Ligue du Sud-Ouest. Quand j'ai commencé à me faire connaître avec les Girondins de Bordeaux, que j'ai donné quelques interviews à la presse locale, des journalistes m'ont parlé de lui, de son jeu, de ses buts sur des tirs lointains imparables. Il était connu dans la région.

Jacques était un véritable athlète, tout en muscles, avec des cuisses et des mollets incroyables. L'été, il faisait de l'athlétisme avec ses copains dans notre campagne de Langoiran. Il pouvait rouler à bicyclette pendant 120 kilomètres le dimanche. Son métier de charpentier, il l'exerçait à vélo avec la double échelle sur le dos. À près de 80 ans, il grimpait encore les côtes environnantes. Une force de la nature ! Et un ascète. Il n'avait pas un gramme de graisse. L'alcool, non seulement il n'en connaissait pas le goût, mais l'odeur non plus. Il s'imposait des principes d'hygiène de vie drastiques, surveillant sa nourriture, son sommeil, sa récupération. C'était un sportif dans toute sa splendeur.

Enfant, sûrement comme les petits garçons veulent suivre les traces de leur père, j'avais toujours envie de taper dans un ballon. Il n'y avait que cela qui comptait. À la maison, mon père, un taiseux, échangeait peu avec moi mais nous parlions régulièrement de football. Avec Bernard, mon frère, je suivais activement les matchs, chacun avait ses équipes et ses joueurs fétiches. Dès la fin des années 1950, âgé d'à peine 8 ans, j'avais déjà mes idoles avec en tête Raymond Kopa, le héros de toute une génération. Je me souviens, j'ai flashé sur lui, sa vivacité, ses changements d'appui, sa dernière passe. Il m'a totalement envoûté. Il incarnait le grand Reims, l'équipe de mon enfance. À la maison, nous n'avions pas la télévision. Le mercredi soir, je me glissais chez mon voisin, qui adorait le football comme moi. Nous regardions les matchs de Coupe d'Europe de Reims à 20 h 30. Je me souviens de

Reims-Burnley ou Reims-Austria de Vienne. L'équipe de Raymond Kopa disputait alors ses rencontres européennes au Parc des Princes à Paris parce que dans son stade Auguste-Delaune de Reims, il n'y avait pas d'éclairage. Le milieu de terrain offensif m'a également fait rêver en 1958 avec l'équipe de France, demi-finaliste battu (5-2) par le Brésil de Pelé, auteur d'un triplé contre les Bleus, lors de la Coupe du monde organisée par la Suède.

Un jour, Renée, ma grand-mère, m'a dit :

— Puisque tu l'aimes tant, écrivons-lui !

À l'époque, il était fréquent de demander des autographes par l'intermédiaire du club. Ce jour-là, dans le garage familial, je me suis mis à taper dans le ballon contre le mur en me disant :

— J'ai écrit à Raymond Kopa ! J'ai écrit à Raymond Kopa ! J'ai écrit à Raymond Kopa !

J'étais comme un fou, je ne pensais qu'à ça, même le soir avant de m'endormir.

Je n'ai jamais su ce que ma grand-mère avait précisément écrit dans le courrier adressé à Reims. Mais, quelques jours plus tard, j'ai reçu une carte avec la photo de mon idole où il était écrit : « Toute ma sympathie, Alain Giresse », signée de Raymond Kopa. J'étais aux anges. Jusqu'à me rendre compte que « toute ma sympathie » avait été écrit avec un stylo et la signature avec un autre. J'ai lu plus tard dans un journal que c'était sa femme qui répondait aux fans pour lui. Un procédé que j'ai moi-même reproduit, quand je suis devenu connu avec les Girondins, pour gagner du temps face à l'afflux des demandes : Chantal, mon épouse, écrivait les dédicaces et je signais à la chaîne les photos.

J'ai gardé cette carte postale toute ma vie. Je l'ai encore dans une boîte où je conserve ces précieux souvenirs. Quand on est vraiment un passionné de football, on reste ce petit garçon toute sa vie. En 1982, âgé d'une trentaine d'années, j'ai eu la chance de rencontrer mon héros pour la première fois. La Coupe du monde se jouait en Espagne cette année-là. Nous venions de quitter Valladolid pour disputer le second tour du tournoi, qui avait lieu pour nous à Madrid. L'équipe de France logeait au nord de la capitale espagnole. Nous nous entraînions chaque matin, de façon assez intensive. Un jour, après la séance, Raymond Kopa, consultant pour la radio France Inter, nous a rendu visite à l'hôtel. Michel Hidalgo, notre sélectionneur, le connaissait bien : ils avaient été partenaires à Reims. C'était une visite amicale.

Dans ce hall d'hôtel de Madrid, j'ai eu la sensation d'avoir 10 ans de nouveau, j'avais les images en noir et blanc du téléviseur qui défilaient devant moi.

Je le regardais avec les yeux grands ouverts du petit garçon qui prend soudain conscience que son héros est bien de chair et d'os. Il m'a dit :

— Ah, je suis content de ce que tu fais sur le terrain.

Je n'ai rien répondu. J'étais trop impressionné. Ce qui me touchait au-delà de tout, c'était de le voir en face de moi. Le football permet ces émotions incroyables. On est au-delà du rêve. Jusqu'à rencontrer mon idole en vrai, le voir, l'écouter, sans que jamais cette proximité brise le respect que je lui portais.

Langoiran est une petite commune du Sud-Ouest située à un peu plus d'une vingtaine de kilomètres de Bordeaux. Traversée par la Garonne, elle est collée à sa rive droite et ne comptait guère plus de mille trois cents habitants à ma naissance en août 1952. C'était un village de pêcheurs et d'artisans, entouré de coteaux, connu aujourd'hui pour son spot de surf. Petit, j'adorais aller sur le ponton et essayer de tenir debout malgré le déferlement du mascaret, cette brusque surélévation de l'eau en forme d'ondulation apparaissant à l'heure de la marée : la vague d'un mètre cinquante, dans un bruit fracassant, faisait tout trembler. C'était notre jeu entre copains.

Mon enfance ressemblait à toutes celles des gamins qui ont grandi dans les années 1950-1960, dans cette France encore très rurale. Je jouais beaucoup au football et je faisais beaucoup de vélo. Les photos de moi me présentent toutes de la même façon : je détestais les pantalons et portais en toutes saisons des culottes courtes et des chaussettes hautes. Au village, quand les femmes me croisaient, elles disaient :

— Oh ce petit, les mollets qu'il a !

Mon grand-père maternel n'était pas très grand mais robuste. Je devais tenir cette constitution de lui, de ma mère également. Et finalement, le vélo m'a été très utile : il m'a conféré cette assise musculaire, avec un centre de gravité assez bas.

À la maison, nous vivions à six. Mes grands-parents paternels, Henri et Renée, mes parents, Jacques et Théodora, mon frère cadet Bernard et moi. Mon grand-père, qui ne disait jamais rien, m'impressionnait beaucoup. Il avait fait la Seconde Guerre mondiale alors qu'il aurait pu rester chez lui. Il s'était porté volontaire. Il était revenu blessé avec un éclat d'obus dans le pied. Chez nous, le confort était rudimentaire : pas de télé, de l'eau chaude mais pas de douche les premières années, pas de frigidaire non plus. La famille disposait une bassine dans la rue et le marchand de glace nous laissait un énorme cube avec lequel on tapissait la glacière. On y mettait le beurre et le lait. La maison possédait un étage. En haut, il y avait les quatre chambres pour nous six. En bas se trouvaient le salon, la cuisine et le bureau de l'entreprise de charpenterie.

Les chaussures de foot, je les empruntais à mon voisin, Jean-Claude Saint-Marc, dont le père était négociant en vins. Quand Jean-Claude, qui est devenu un ami, se rachetait des crampons neufs, il me laissait ses vieilles paires. Un Noël, mon frère avait reçu en cadeau les chaussettes de Saint-Étienne et moi, celles de Reims, rouge et blanc, comme celles portées par Kopa. Je faisais des sauts au plafond !

Mon grand-père était charpentier, compagnon du devoir, et tenait l'atelier familial où mon père travaillait. Nous partagions tous cette passion du football, mais aussi et surtout du travail manuel. Mon grand-père et mon père avaient ce goût des objets bien faits, ils passaient des heures et des heures dans l'atelier ; ils m'ont transmis ces valeurs du compagnonnage : la transformation de la matière, la puissance de l'artisanat.

Quand ils m'ont dit : « Alain, tu es l'aîné, tu deviendras charpentier », j'étais fier, et pas du tout surpris.

Même si j'étais bon à l'école, toujours à me battre pour le prix d'excellence, j'ai refusé d'aller en sixième dans le cursus classique pour suivre des cours dans un collège technique afin d'apprendre le métier et de reprendre ensuite l'atelier familial. J'ai accompli mes trois années d'apprentissage de 14 à 17 ans au centre d'enseignement technique de Blanquefort, assez loin de chez moi, au nord de Bordeaux. À l'époque, on nous élevait à la dure : de grands dortoirs, pas d'eau chaude, une douche une fois par semaine. Mais ce genre de choses vous construit pour la vie : on devient solide, on apprend la valeur du travail, de l'engagement, on se contente de peu. D'autant plus que, bien sûr, pendant tout ce temps, j'ai continué à jouer au foot.

À 12 ans, j'ai franchi mes premières étapes. Mon père était alors entraîneur-joueur à Langoiran et avait monté une équipe de minimes. J'étais dans l'équipe 2 puisque je ne pouvais pas encore avoir la licence pour la première. Puis, à la rentrée de septembre 1964, avant le collège professionnel, il m'a emmené aux journées de détection organisées par les Girondins, à 25 kilomètres de Langoiran. Pour moi qui ne sortais jamais, ou presque, du village, c'était une aventure.

Je n'avais aucune conscience de mon niveau. Tout ce que j'aimais, c'était jouer, alors j'étais enthousiaste à l'idée de passer la journée à pratiquer ce sport que je vénérais déjà. À 10 ans, lors de la kermesse de l'école, j'avais disputé un match dans la cour contre une autre classe. J'avais marqué quasiment tous les buts de notre équipe. Mon père arbitrait le match et à la fin, il a sifflé un penalty pour nous. J'ai pris le ballon pour le tirer tandis qu'il s'approchait de moi.

— Tire dans les bras du gardien. Tu as assez marqué comme ça pour aujourd'hui !

— Mais papa ! Je veux marquer !

— Tire dans ses bras, je te dis !

J'ai obéi.

Mon père, qui avait obtenu son permis très tard, à 35 ans, commençait à peine à conduire notre voiture, une 403 break bleu marine achetée à un commerçant de notre village. Ce dimanche-là, il m'a emmené au siège des Girondins en plein centre-ville puis a suivi le bus qui nous menait à Rocquevielle, où était alors situé le centre d'entraînement du club. Les installations étaient déjà remarquables, avec un vestiaire et cinq terrains. Un éducateur m'a demandé mon poste. J'ai répondu « milieu » et ils ont constitué des équipes. On a fait un match, puis un deuxième et encore un autre. J'étais à la fois nerveux et grisé de jouer avec ces inconnus, qui avaient pour la plupart un niveau remarquable. À la fin, à ma grande surprise, un responsable est venu nous parler :

— Votre fils est retenu dans l'équipe A.

J'étais tellement fier ! Une semaine plus tard, le dimanche, j'ai joué mon premier match au Stade bordelais (SBUC). Ma mère m'a accompagné en bus, mon père avait une rencontre à disputer. Elle m'a dit :

— Regarde bien le trajet parce qu'après, tu le feras tout seul.

Chaque joueur professionnel se souvient de son premier match. Je détonnais auprès de mes partenaires. Je venais de la campagne et Bordeaux, c'est un peu chic. La rive gauche, surtout, le Bordeaux traditionnel, avec ses maisons en pierres cossues tenues par la haute bourgeoisie. Venant de la rive droite, j'étais un extraterrestre pour ces gens-là et c'était ainsi qu'ils me dévisageaient aux terrasses de café.

J'étais à l'image des personnages du film de *La Guerre des boutons* d'Yves Robert. Je portais un jean, un blouson et un sac en bandoulière alors que les autres avaient déjà des sacs de sport munis d'anses. Je me souviens notamment de ce garçon en veste bleu marine, chemise, foulard au cou, m'observant de la tête aux pieds :

— D'où t'arrives, toi ?

— De Langoiran.

— Mais où c'est, ça ?

— À 25 kilomètres de là.

— Ah bon ? Je connais pas.

Le terrain, c'est aussi ça : des joueurs sur de la pelouse qui se croisent et se complètent alors que tout les oppose. La preuve en est : ce jour-là, on s'est révélés être une superbe équipe. On a gagné 17-0 et j'ai mis trois ou quatre buts. Et cette saison-là, 1964-1965, on a cartonné partout. On jouait en lever de rideau au Parc Lescure. J'étais celui qui frappait les corners : à 12 ans, peu parvenaient à soulever le ballon, beaucoup plus lourd qu'aujourd'hui, pour l'expédier jusque dans la surface de réparation ; grâce à mes cuisses et mes mollets, j'avais une bonne frappe. J'étais à l'aise techniquement, avec une habileté à contrôler et à donner la balle.

En vérité, notre objectif n'était pas tellement de gagner mais de ne pas prendre de but. Ça nous est arrivé une fois et l'anecdote raconte bien le football d'alors : nous jouions contre les Coqs rouges, un club de Bordeaux, quand un garçon qui portait des chaussures de ville a planté. Je m'en souviens encore. On l'avait emporté 17-1, les larmes aux yeux, soufflés d'avoir pris un but par ce gamin qui n'avait même pas le bon équipement. Une belle leçon encore : pas besoin d'avoir les meilleurs crampons pour gagner.

En pupilles, nous faisions à peu près tous la même taille. Puis la différence a commencé à se voir avec les années ; ma croissance s'est arrêtée vite, à un mètre soixante-trois. En minimes, en cadets, mes partenaires m'ont ainsi vite dépassé. Mes mollets, mes cuisses et mon fessier, musclés par le vélo, m'ont permis de me maintenir à ce haut niveau. Est-ce ma taille qui a provoqué ce diminutif, « Gigi », qui me colle encore à la peau ? Sorte de réduction de mon nom de famille. Sans doute. Au collège, il y avait un autre joueur des Girondins avec moi, d'un an mon aîné. Il s'appelait Volpi, il était d'origine italienne. Il apprenait le métier de maçon, lui. À la radio, Joe Dassin chantait *Bip bip*. Alors je me suis mis à l'appeler comme ça, sans raison. Et lui a trouvé « Gigi ». À l'entraînement, tout le monde a commencé à utiliser ce surnom et il m'est resté.

Pour ce camarade comme pour moi, le collège a freiné le début de notre carrière. Jusqu'à 17 ans, je ne m'entraînais qu'une fois par semaine, le jeudi, le jour où il n'y avait pas école à l'époque, avant que ce ne soit le mercredi. Un seul entraînement par semaine, un match le week-end. Aujourd'hui, quand on connaît la suite, aucun footballeur professionnel ne pourrait s'être aussi peu entraîné que moi alors. À 14 ans, on participe aujourd'hui à au moins trois séances par semaine.

La première année, au moment où je me suis inscrit à l'équipe de foot du collège, j'ai subi les contrecoups de ma musculature qui exigeait des soins d'échauffement et de préparation. Comme je ne faisais rien, j'ai passé mon temps à me blesser. Un claquage par-ci, un claquage par-là. Un hiver, j'ai frappé, le muscle a pété et je suis tombé inconscient tellement la douleur était vive. Je me suis réveillé sur le bord de la touche et le kiné m'a dit :

— Maintenant, il faut que tu apprennes à t'échauffer.

L'année suivante, j'ai appris.

Au mois de juin 1969, à bientôt 17 ans, j'ai obtenu mon CAP. J'étais charpentier. En août, je faisais mon entrée dans le monde du travail. J'ai commencé par quelques petites réparations. Très vite, les Girondins ont demandé à mon père de me laisser m'entraîner tous les jours, ce que lui, trop fier, a évidemment accepté.

Certains pensent que le football est réservé aux surdoués. Moi, je l'ai toujours appréhendé selon les préceptes de l'artisan. On reste modeste et patient, on regarde les techniques, et quand on a bien compris, on reproduit les enseignements. Je ne suis certes pas resté charpentier, mais j'ai eu la sensation de garder et de transmettre les valeurs de mon grand-père.

Savoir que je ne reprendrais pas l'entreprise familiale a été un coup dur pour lui. Quand je suis devenu joueur, mon grand-père allait voir les matchs dans les bars, mais il ne me l'a jamais dit. Il ne m'a jamais dit non plus qu'il était fier de moi. Il est mort à 74 ans, avant ma première sélection. Je n'ai jamais su ce qu'il avait pensé de mes débuts.

Je n'ai pas plus évoqué ma carrière avec mon père. Peut-être par pudeur. Quand il m'avait conduit aux Girondins, il avait bien dû se dire que j'avais quelque chose dans les pattes. Il était du milieu, il s'était sans doute rendu compte de mes capacités. Quand je jouais le dimanche matin, il venait me voir. Il me soutenait, mais pas au point de hurler des encouragements depuis les gradins comme le faisaient certains parents. On discutait foot. Travail, rigueur et mérite. Il n'était jamais sur mon dos et finalement, c'était plus agréable comme ça. Une fois, j'ai eu droit à des reproches quand même : je venais de récolter une série d'avertissements lors des matchs avec Bordeaux, mes premiers, ce qui a conduit à une suspension. C'était la règle en cas d'accumulation de cartons jaunes. Là, mon père était fâché.

— On ne peut pas être suspendu, on n'a pas le droit !

Heureusement, ma grand-mère Renée, qui était toujours de mon côté, a repris son fils :

— Mais qu'est-ce que tu lui racontes ? Laisse-le tranquille ! Tu as vu où il joue, lui ?

Quand j'ai débuté en professionnel avec les Girondins, j'ai vécu une période assez difficile lors de la saison 1976-1977. Le public m'a pris en grippe. On me sifflait, même quand je marquais. J'étais au plus bas. Je devais le mériter parce que j'étais le petit jeune de 24 ans qui ne répondait pas aux attentes qu'il avait suscitées. Je m'étais certainement un peu laissé aller. Quand mon père a entendu cette fronde du public, il n'a plus mis les pieds au stade. Même quand ma carrière a pris une autre ampleur, même quand j'ai décroché le titre de champion de France. Il n'est revenu que pour mon jubilé, en 1989.

Après cette vague de critiques, je me suis mis à travailler comme jamais. Jusque-là, je jouais avec plaisir mais rien de plus. Cette année-là, avec l'équipe réserve, je rencontrais des seniors et travaillais comme un fou. Et mes efforts ont payé. Une leçon de vie que j'enseigne à mes trois fils, Matthieu, Thibault, qui lui aussi est devenu footballeur professionnel, et Arnaud. Il n'y a rien d'automatique. Il faut un point de départ mais certains dévient de la ligne à emprunter ou ne mettent pas tout en œuvre pour y arriver et vivre ce rêve. Ce n'est pas suffisant de dire : comme mon père jouait au foot, moi aussi, je m'y suis mis. C'est le football qui m'a choisi.

# 2

## La mauvaise et la bonne graine

J'ai continué à franchir des paliers. En 1970, André Gérard est devenu entraîneur des Girondins de Bordeaux. Après une très belle saison 1968-1969 au cours de laquelle ils finissent deuxièmes du Championnat derrière Saint-Étienne et finalistes de la Coupe de France contre Marseille, ils traversent de sombres années. 1969-1970 s'est très mal déroulée et a ouvert une décennie au cours de laquelle Bordeaux jouait plus souvent le maintien que les places d'honneur.

Gérard avait occupé le poste de gardien de but de l'équipe dans les années 1950. Il avait entraîné Rouen juste avant de venir en Gironde. J'évoluais toujours avec l'équipe réserve, ce qui était logique à mon âge. Dans l'équipe 1, les joueurs m'avaient à la bonne. Ils montraient une forme d'affection à mon égard. Je pensais alors que c'était lié à ma petite taille. Ils me voyaient aux entraînements, les oppositions mélangeaient joueurs pros et joueurs de la réserve. Il m'arrivait aussi de participer à des levers de rideau au Parc Lescure. Sur le bord du terrain, les joueurs sortaient reconnaître le terrain et nous regardaient jouer. Un jour, lors d'un Bordeaux-Valenciennes, Serge Masnaghetti, un attaquant nordiste robuste, m'a applaudi sur l'une de mes actions ! Ce genre d'attention me boostait !

Été 1970. André Gérard m'a emmené avec les pros pour un match amical à Limoges. J'avais énormément de respect pour lui. Il était toujours calme et pondéré dans ses jugements comme dans sa manière de parler. Sa grande sagesse me rassurait. C'était lui, tous les matins, qui me prenait sur les quais de Bordeaux pour m'emmener à l'entraînement. Il habitait lui aussi rive droite, du côté populaire. Né un 2 août, je venais d'avoir 18 ans. Je n'ai joué que trente minutes au cours desquelles je n'ai pas été bon, d'ailleurs. Mais l'essentiel n'est pas là : sur un tacle qui n'avait rien de méchant, un défenseur de Limoges m'a fracassé le genou. Je me suis arrêté trois semaines avant de reprendre avec l'équipe de réserve. Je pétais alors le feu ! Tout le contraire de l'équipe première. Un samedi soir, Bordeaux a perdu 4-1 à domicile contre Strasbourg, quand nous, la réserve, le lendemain, nous nous sommes imposés 5-1 contre Montmorillon. J'ai mis un but et j'ai donné les quatre autres à Karounga Keïta.

Après le match contre Montmorillon, André Gérard m'a dit :

— La semaine prochaine, tu viens t'entraîner avec nous et tu joues samedi.

Sauf que moi, cette semaine-là, j'avais un stage avec l'équipe de France junior que j'avais intégrée en mai 1970. Georges Boulogne, appelé à devenir le sélectionneur national de l'équipe de France, avait laissé les rênes à Jacky Braun, le père de Didier, journaliste à *L'Équipe*, qui m'avait convoqué pour les sélections dès ma première saison de junior.

Gérard m'a autorisé à m'y rendre avant de le rejoindre à Bordeaux. J'y suis allé, direction Paris, l'Institut national du sport de Vincennes. Ma première année, j'avais participé à l'Euro en Écosse. En demi-finale, on avait perdu à la pièce, pile ou face. Pile, finale ; face, retour à la maison. Il n'y avait pas de prolongations ou de tirs au but à l'époque. Je suis revenu à la gare de Bordeaux le vendredi, direction Nîmes, toujours en train. Nous étions dans les profondeurs du classement, dix-huitièmes ou dix-neuvièmes. Quand l'entraîneur m'avait averti que je serai titulaire à Nîmes, mon père, qui connaissait André Gérard, lui avait rétorqué :

— Mais attendez, il n'a que 18 ans ! Vous êtes sûr ?

Nous logions à l'Hôtel Imperator à Nîmes et je partageais la chambre avec l'international de l'équipe, Jean-Paul Rostagni, originaire de Nice, arrière gauche. J'étais impressionné mais il a été d'une bienveillance totale avec moi.

J'ai tenu mon poste. Pas de but mais un bon match. La semaine suivante, je suis arrivé à l'entraînement pour reprendre avec la réserve. Mais Gérard m'a appelé sur place pour que je rejoigne les pros. Je n'y croyais pas ! Je n'en revenais pas !

Le match d'après, Bordeaux recevait Saint-Étienne, le champion de France. C'était un dimanche après-midi, le stade était plein. Nous avons perdu 2-1. Salif Keïta, installé désormais à Bamako, a inscrit un doublé. Un jour, j'ai retrouvé Salif et je lui ai dit :

— Toi, tu m'as fait peur ! Mon premier match à Bordeaux, t'as mis deux buts !

J'ai quand même fait un bon match et c'était parti, j'avais enclenché le processus. En fin de saison, nous étions bien remontés au classement.

À ce moment-là, je vivais toujours chez mes parents et je n'avais pas le statut professionnel. Je touchais juste les primes de match. J'étais plutôt réservé, pas un meneur dans le vestiaire. J'étais un jeune à l'écoute, respectueux, qui ne roulait pas des mécaniques. Un peu seul dans mon coin. Au bout de trois semaines d'entraînement avec les pros et alors que je me changeais toujours dans le vestiaire de la réserve à Rocquevielle, le capitaine de l'équipe première est venu me dire que je pouvais transférer mes affaires dans leur vestiaire. J'ai eu du mal à comprendre ce qui m'arrivait. À l'arrêt de bus, le matin, quand j'allais aux entraînements, les gens me disaient qu'ils allaient venir me voir pendant les matchs. Ils commençaient à ressentir une forme de fierté pour le gamin du village qui jouait avec l'équipe des Girondins. Je le voyais dans leur regard, je l'entendais dans leur voix.

La saison s'est terminée et on m'a proposé un contrat professionnel. Mon premier bulletin de paie aux Girondins s'élevait à 680 francs. On me donnait des chèques, à chaque pige avec les pros, que je rangeais dans mes tiroirs. Je n'y touchais pas. La somme me paraissait énorme. Le litre d'essence coûtait 1 franc. Pour mon premier salaire officiel de professionnel, j'ai perçu 2 400 francs par mois. À ce moment-là, il n'y avait pas d'agent. D'ailleurs, je n'ai jamais eu d'agent dans ma carrière. J'ai été demandé mais je n'ai jamais été demandeur. J'ai enchaîné les contrats, jusqu'à rester seize ans avec les Girondins.

Me voilà professionnel. Le tunnel du stade Lescure, aujourd'hui, débouche sous la tribune présidentielle pour parvenir au terrain. Mais à cette époque, on sortait du sol, derrière les buts, par une trappe conduisant à la pelouse. On ne s'échauffait pas sur le terrain mais sur le paddock, ce qui créait une attente. Quand je sortais du tunnel, que je voyais le public pour la première fois de la journée, que je sentais que le match allait commencer, c'était magique. Intense émotionnellement. Avec une pression énorme. Je disputais un match professionnel, de première division, contre des champions de France, des clubs mythiques ou prestigieux, des internationaux ! Je m'installais progressivement dans l'équipe, me demandant alors quand allait arriver mon premier but. Je l'ai marqué contre Reims, l'équipe de Raymond Kopa. Incroyable clin d'œil de l'Histoire, de *mon* histoire ! J'ai pris le ballon un peu de l'extérieur du pied, je l'ai mis en pleine lunette, à Bordeaux, un après-midi de janvier. J'avais inscrit un but auparavant, mais c'était durant un match amical contre le Sparta Prague, pendant la trêve hivernale. Cette fois, il s'agissait de mon premier but qui compte : celui dont on se souvient toute une vie.

Dans ma tête, j'appartenais à la catégorie des joueurs offensifs et ce qui comptait vraiment, c'était de donner des bons ballons, des ballons d'action, des ballons de but. Prendre et donner, voilà comment je vois le football, mon sens du jeu. C'est le propre du jeu collectif : être préoccupé par l'effort de groupe, préoccupé de donner à son partenaire. Je jouais pour l'équipe à travers la relation que j'entretenais avec mes partenaires. Tout devait être axé par rapport à ce dont l'équipe avait besoin, par rapport à ce que mes partenaires attendaient de moi et à ce que moi j'attendais d'eux. J'ai toujours fonctionné comme ça, surtout au début. Quand j'ai commencé comme professionnel, je n'inscrivais pas encore beaucoup de buts. Après, je suis monté à une moyenne de dix buts par an. Arriver à marquer, ça a quand même un côté satisfaisant.

À Bordeaux, nous cherchions à nous maintenir en première division. Nous traversions des années difficiles mais je parvenais à marquer. Je m'étais installé dans l'équipe, ma place n'était pas remise en cause. Cependant, autour de 1976-1977, ça n'allait pas. Les sifflets tombaient, on me conspuait au Parc Lescure. Je n'étais pas à la hauteur des attentes et moi-même, je n'étais pas satisfait de mon jeu. Je m'enfermais dans une espèce d'affrontement. Quand j'entrais sur le terrain, je ne saluais même pas le public. Je le regrette aujourd'hui.

Tout jeune, j'écoutais les remarques de mes coachs. Puis, en m'installant au sein de cette équipe, j'ai pris de la confiance, je me suis reposé sur un confort nuisible. Je pensais que je savais tout, que je connaissais tout. Je n'écoutais plus grand monde. J'étais rebelle, enfermé dans un mauvais personnage en opposition avec tout.

Lors d'un match contre Rouen, j'ai marqué mais je me suis fait siffler. Là, je me suis dit : « Il va falloir se bagarrer, essayer d'être bon et de le démontrer sur le terrain. » Comme toujours, il est plus facile de tomber que de se relever. Je devais remonter l'échelle. J'y suis parvenu grâce au soutien du club, de mes coéquipiers, de mes entraîneurs. Pourtant, je m'y suis mal pris avec eux.

Jusqu'à 25 ans, je n'ai pas eu la bonne attitude avec les entraîneurs. J'étais consciencieux, ce n'était pas le problème, mais j'utilisais mal ma relation avec eux. J'étais un peu rebelle. Je n'acceptais pas les entraînements trop physiques, pas assez axés sur le jeu avec ballon, je réfutais certaines remarques ou remontrances concernant mon jeu. Je répondais. Si l'entraîneur critiquait ma performance, mon nombre de ballons perdus, je rétorquais :

— Mais qu'est-ce que tu me racontes là ?

Par exemple, pour un match à Lens, l'entraîneur de l'époque, André Menaut (deux saisons aux Girondins, de 1974 à 1976), m'a dit :

— Demain, tu ne joueras pas, tu seras sur le banc.

Je suis rentré chez moi et j'étais comme un fou, hyper vexé. Au moment de signer de nouveau en fin de saison, j'ai mis dans la balance le maintien de l'entraîneur dans une sorte d'ultimatum :

— C'est lui ou moi !

Et comme je suis resté, vous pouvez en déduire aisément quel sort lui a été réservé. Je n'en suis pas fier aujourd'hui. Ce n'était pas très glorieux de ma part. On voit ce que peut représenter le pouvoir d'un joueur par rapport au statut fragile de l'entraîneur. Mon caractère était alors un problème pour mes coachs. Heureusement, j'ai changé de comportement par la suite.

Menaut, universitaire brillant, m'a pourtant beaucoup apporté. Il a révolutionné les séances sur le plan de la préparation athlétique, son domaine. Il a personnalisé les entraînements, a amené les étirements, ce qui était totalement novateur pour l'époque. Il avait beaucoup de valeur et ça, je n'ai pas su le comprendre. Heureusement, je l'ai revu avant qu'il ne décède en juillet 2019. Je crois que nous avons pu dissiper les malentendus entre nous.

À Lens, j'étais donc sur le banc, les bras croisés. Après la mi-temps, il nous a envoyés nous échauffer, Jean-François Domergue et moi. Je lui ai dit :

— Si je m'échauffe, j'entre, hein ! Je ne vais pas m'échauffer pour ne pas entrer, hein !

Je me suis échauffé, je suis entré, Lens menait 3-1. À l'arrivée, il y a eu 3-3. J'ai mis un doublé. C'était la première et dernière fois que je me suis retrouvé sur le banc de touche. Cela m'a donné un coup de fouet et je me suis dit que même à l'entraînement, il fallait que je montre qu'on ne pouvait pas me prendre ma place. Chaque début de saison, je me mettais en mode compétition face aux autres joueurs. Quand je suis devenu entraîneur et qu'un joueur râlait, je lui disais :

— Tu veux jouer, toi ? Eh bien montre-moi que je dois te faire jouer !

Ce match à Lens a été fondateur dans mon approche du haut niveau : il m'a recadré. Un entraîneur est là pour diriger une équipe, la rendre performante et lui permettre de progresser. André Menaut était de ceux-là.

En 1978, changement de décor. Claude Bez est devenu le président des Girondins de Bordeaux. Il appartenait à l'équipe dirigeante du club. André Menaut l'avait introduit au sein des Girondins ; ils avaient joué ensemble aux Coqs rouges. En ville, il dirigeait un énorme cabinet d'experts-comptables, qui s'occupait notamment de la régie Renault. La première fois que nous l'avons vu, lors d'un déplacement à Sedan, il a dit devant tout le groupe, alors qu'on mangeait des sandwichs après le match :

— Mais c'est quoi, ça ? Ce n'est pas un repas pour les professionnels !

Quand il a pris la présidence, lors de son premier discours devant le groupe à l'entraînement, en début de saison, il a annoncé le changement de couleur :

— Maintenant, l'objectif, c'est de se qualifier pour une Coupe d'Europe !

Il a commencé par recruter un entraîneur qu'il avait rencontré lors de la Coupe du monde 1978 en Amérique du Sud, l'Argentin Luis Carniglia, au physique d'acteur hollywoodien des années 1950. Cet ancien attaquant de Nice, toujours tiré à quatre épingles, avait entraîné l'AC Milan, le Real Madrid, Bologne. C'était une pointure ! Des internationaux débarquaient, comme Gérard Soler, Omar Sahnoun, des joueurs d'un standing que Bordeaux ne possédait pas auparavant.

Carniglia voulait qu'on l'appelle « Don Luis ». À l'entraînement, il avait une drôle de manie. Je l'ai constaté pour la première fois lorsque, au bout de quarante-cinq minutes de jeu, Jean-Marc

Ferratge a dû quitter la pelouse sous les cris de Don Luis :

— Toi, *pequeño*, à la douche !

D'autres, dont moi, ont suivi. En fait, les petits devaient sortir les premiers, puis les moyens, et ainsi de suite jusqu'aux plus grands. Toko (Tokomon), qui jouait auparavant à Paris, était le dernier à partir car c'était le plus grand. La durée de l'entraînement était proportionnelle à la taille. Pendant l'échauffement, Don Luis nous faisait chanter, pour la cohésion. Il avait une expression : « *Pice el culo !* » (« Pique le cul ! »). Ça donnait une dynamique à l'équipe. Il y avait de l'engagement et de l'intensité dans nos matchs.

La première année avec Carniglia, nous avons terminé sixièmes du championnat. Il m'avait nommé capitaine. Moi, le petit de Langoiran, toisé par les bourgeois de la rive gauche il y avait encore huit ans, j'étais devenu capitaine de l'équipe des Girondins de Bordeaux. Quelle fierté ! Désormais, plus personne ne me regardait de haut parmi ceux qui autrefois me considéraient comme un « étranger » dans ma propre ville.

Pour moi, le fait d'être capitaine, ce n'était pas simplement un brassard. J'estimais que j'avais des atouts et je faisais en sorte de tenir mon rôle. Je me devais d'être une sorte de G.O. pour accueillir les recrues dans la région, devenir leur guide, en leur faisant découvrir l'océan, les vins d'Aquitaine, tous les bonheurs autour de Bordeaux afin de les aider à s'intégrer.

Un ami bordelais, René Lusseau, maître de chai de Ducru-Beaucaillou, un château du Médoc, avait ses entrées dans tous les châteaux du coin. Alors on organisait des dégustations dans le vestiaire. Il y avait aussi la journée des maîtres de chai, une quinzaine environ. Chacun ouvrait sa bouteille et nous, les joueurs, nous allions manger, goûter leur vin. Tous les joueurs de l'époque se sont ainsi constitué leur cave. Jean Tigana a même acheté un château dans la région. Mon partenaire allemand Dieter Müller ne rigolait pas avec le vin en repartant de Bordeaux ! Là-bas, le vin, ce n'est pas qu'une boisson, c'est un patrimoine. Au retour de la Coupe du monde 1986, après avoir passé deux mois à l'étranger, je me suis cuisiné une entrecôte à la bordelaise avec un peu de salade, du fromage et surtout une bonne bouteille ! Un Petrus 1976 ! Ça ne faisait pas passer l'élimination en demi-finale, mais bon. Le vin fait partie de la culture locale, les paysages sont essentiellement composés de vignes. J'ai même été intronisé dans la Commanderie du Bontemps de Médoc et des Graves. Il fallait jurer fidélité à ces vins pour en devenir une sorte d'ambassadeur.

J'ai reçu une grande cape et une médaille. À chaque fois que je me rendais dans un château de Médoc et de Graves, j'étais accueilli par des coups de maillet sur les barriques !

Quand j'ai rencontré Carniglia, je me suis dit : « Qui suis-je à côté de lui ? Que puis-je revendiquer ? » J'avais tout à gagner auprès de lui. Je crois que c'est à ce moment-là que j'ai changé d'attitude. J'ai enfin compris qu'un entraîneur était là pour nous faire progresser, nous aider à nous épanouir sur le terrain. Mes performances sont devenues meilleures, et ce, chaque année. Quand j'ai décollé, j'ai suivi une trajectoire ascendante.

En plus, j'étais désormais capitaine. Le capitaine n'est pas contre l'entraîneur, il est le lien avec l'équipe. S'il y a des problèmes avec un joueur, il essaie d'atténuer les différends. J'ai assumé ce rôle avec responsabilité et passion. C'était un honneur. Je trouve que l'on banalise le capitanat aujourd'hui et qu'on donne à ce statut une signification qu'il n'a pas. Le capitaine ne doit avoir aucun *a priori* sur qui que ce soit au sein du club et être capable de s'adresser à tous les joueurs. Bien sûr, il doit défendre sa place mais il est multifonction. Moi, je comptais sur mon épouse pour m'épauler dans ce rôle. Elle rencontrait les femmes de mes partenaires, elle les accompagnait dans certains moments importants de leur vie. Quand il y avait des naissances, elle allait à la clinique voir celle qui venait d'accoucher. J'avais un devoir envers le club, le président, le coach, les joueurs.

Chaque saison, on franchissait un palier avec l'arrivée de ces nouveaux et talentueux joueurs, comme Marius Trésor, Albert Gemmrich ou encore Bernard Lacombe. Et moi, il fallait que je suive. Aux entraînements, je me mettais au niveau de ces internationaux. Je parvenais à réussir des gestes que je n'avais encore jamais réalisés. Je sentais que mon bagage technique s'élargissait et s'étoffait. Sur des buts, des actions, des contrôles, des passes… mon niveau augmentait partout. Il n'y a pas de secret : mes relations avec les entraîneurs s'étaient normalisées, l'effectif était meilleur, je progressais. Cette transformation, je l'ai sentie dans mes pieds. Techniquement parlant, ils sont beaux, mes buts. On me parle souvent de mon lob sur Joseph-Antoine Bell en finale de la Coupe de France 1986, lors du match Bordeaux-Marseille. Jean Tigana en a fait le meilleur commentaire :

— Ce but ? Mais il fait ça à l'entraînement comme on enfile des perles !

Il ne s'agissait pas d'une surprise pour lui. Ce geste m'a paru évident. Je l'ai réalisé parce que l'action s'y prêtait.

Depuis 1976, le public me sifflait. À partir de 1978, le vent a tourné et au début des années 1980, je suis devenu le chouchou du Parc Lescure (devenu stade Chaban-Delmas en 2001). La relation avec Bordeaux est fondamentale pour moi : c'est ma région et mon club. Sportivement, je suis né dans ce club. Je n'aurais pas supporté que ces tensions s'éternisent. J'ai fait en sorte que les relations s'apaisent et se normalisent. Je ne suis pas du Nord ni de l'Ouest, je suis du Sud-Ouest, avec des gens du Sud-Ouest. Et toute une communauté derrière moi : mon village, ma famille, mon école, le service militaire que j'ai effectué là-bas… Je suis un gars de la Gironde.

Après Luis Carniglia, Raymond Goethals et Aimé Jacquet se sont succédé au poste d'entraîneur. Goethals avait l'air sévère. Il portait un manteau en cuir noir, le col relevé. Ça nous changeait de Don Luis, mais c'était un passionné de foot. Il ne pensait qu'à cela, du matin au soir. On se moquait un peu de lui, de son accent belge, de sa clope au bec, ses fameuses Belga. Le milieu de terrain Félix Lacuesta, un Basque bon vivant, rigolait de lui. Un jour, à Lille, Goethals lui a dit :

— Félix, tu vas marquer Didier Simon !

Et Félix lui a répondu :

— Oui, oui, je le connais, Simon Templar, je m'en occupe !

Raymond Goethals était paumé, il n'a pas compris. Avec Don Luis, on s'entraînait l'après-midi, à 17 heures, parce qu'il n'aimait pas se lever tôt. Nous, on arrivait avant, et après, on allait boire un coup. Goethals a remis les entraînements le matin mais on a gardé cet état d'esprit. Chaque nouvelle recrue sentait qu'elle arrivait dans un environnement cadré mais avec un côté convivial. On savait bien faire la part des choses.

Raymond Goethals a quitté Bordeaux en 1980. Il m'a écrit une lettre, que j'ai reçue au club. Il tenait à me remercier, en tant que capitaine, pour la relation forte que nous avions tissée, d'entraîneur à joueur. J'étais touché. On a toujours tendance à comparer l'entraîneur à un patron mais dans le football, ça ne marche pas comme ça. Aujourd'hui encore à Marseille, où il a dirigé l'équipe de 1991 à 1993, tout le monde conserve une énorme affection et un immense respect pour lui. Quand il est revenu entraîner les Girondins en 1989, je n'étais plus joueur mais directeur sportif. S'il manquait quelqu'un aux entraînements, je prenais sa place. Tellement bien que le président Bez, un jour, a appelé ma femme :

— Madame Giresse, il faudrait que votre mari rejoue.

J'avais 37 ans. J'ai refusé, mais j'aurais pu.

Après Raymond, Aimé Jacquet est arrivé. Je l'ai rencontré à la fin de la saison, avant qu'il n'entraîne officiellement les Girondins. En qualité de capitaine, je lui ai parlé des joueurs, de notre fonctionnement. Nous avons alors tissé une vraie relation d'entraîneur à capitaine. L'ère Aimé Jacquet, c'était du talent, des matchs de légende, du professionnalisme de la part de tous, une osmose avec le staff. On ne se posait même pas la question de savoir si on allait gagner à Bordeaux, on se demandait juste combien on allait gagner. Aimé nous a renforcés grâce à sa rigueur, son souci du détail, dans la préparation comme dans le jeu. Il avait aussi un côté protecteur et entretenait une relation individuelle avec chaque joueur, quel que soit son niveau. Il avait toujours un mot pour chacun. Avec Aimé, la relation a été idyllique. Il nous poussait à utiliser nos armes. Notre équipe avait une solide défense, un milieu de terrain hyper complémentaire et des attaquants qui étaient de vrais buteurs. Je prenais énormément de plaisir à évoluer dans cette formation. En 1981, contre Lyon, j'ai marqué le but vainqueur sur une reprise du pied gauche et cette victoire nous a propulsés en Coupe de l'UEFA. C'était énorme ! Je nageais en plein rêve.

René Girard évoluait au milieu de terrain, un garçon que l'on mettait moins en valeur que les autres. C'était mon garde du corps. Quand on me cherchait, qu'un adversaire me mettait des coups, il venait me défendre. J'avais le devoir d'être bon pour mes coéquipiers, de marquer des buts pour eux. L'équipe et l'entraîneur ont tout mis en œuvre pour m'installer dans les meilleures conditions. J'ai beaucoup d'affection pour René. Il nous avait rejoints en 1981. On commençait notre préparation d'avant-saison à Aix-les-Bains. On était à table lorsqu'Aimé Jacquet nous avait présenté Girard. On lui avait dit :

— On est contents que tu sois là. Figure-toi qu'on préfère t'avoir avec nous que contre nous !

En 1982, j'avais 30 ans. Je me sentais en pleine possession de mes moyens. Sur l'instant, on se sentait forts, confiants, à l'aise dans les matchs. Avec le recul, je me rends compte à quel point cette période constitue un âge d'or des Girondins de Bordeaux. On évoluait à un niveau très élevé et tout le monde en prenait plein les yeux, presque pour l'éternité – les supporters bordelais en parlent encore.

Lors de la saison 1984-1985, l'une des plus belles de ma carrière, nous sommes allés jusqu'en demi-finale de la Ligue des champions (à l'époque, la Coupe des clubs champions européens), éliminés par la Juventus Turin de Michel Platini. Nos deux derniers tours resteront homériques, renversants, mémorables. Le 20 mars 1985, j'ai vécu ainsi le voyage le plus surréaliste de ma vie.

Nous devions disputer le match retour de la Coupe des clubs champions européens Dnipropetrovsk-Bordeaux. À l'aller, à Lescure, nous nous étions quittés sur un nul (1-1). Nous sommes partis le lundi matin pour un quart de finale programmé le mercredi. Nous ne pouvions pas jouer à Dnipropetrovsk, la ville était interdite aux étrangers ! Elle abritait une usine d'armement, et était donc un endroit stratégique où il était impossible de disputer une rencontre de football. Comme si on allait visiter le site d'armement ! Nous étions en 1985 et le mur de Berlin tenait encore solidement sur ses fondations. La partie était donc prévue à Krivoï-Rog, à plus de 100 kilomètres de la cité ukrainienne, en Crimée.

Première contrariété : les Russes (à l'époque Dnipropetrovsk faisait partie de l'Union soviétique) voulaient que nous voyagions dans un avion d'Aeroflot, la compagnie nationale. Colère monumentale de Claude Bez, le président des Girondins. Il a refusé, avec ses mots à lui :

— Je suis français, je ferai travailler Air France, une compagnie française. Pas question de payer les Russes. Qu'ils se le gardent, leur avion !

C'était un dirigeant qui savait se faire entendre quand les choses ne tournaient pas comme il le souhaitait… Il a obtenu gain de cause et nous sommes partis de Bordeaux-Mérignac en charter Air France.

Deuxième contrariété : il fallait d'abord faire une escale à Kiev. Là, nouveau souci : trop de brouillard, nous n'avons pas pu redécoller ! Mais on nous a assuré que le mauvais temps allait se lever et que nous pourrions repartir dans l'après-midi. Le club s'est rapatrié en urgence dans un hôtel où nous avons mangé et fait la sieste. Nous sommes redescendus avec les bagages mais dans le hall, nouveau contrordre : nous ne pouvions finalement repartir que le lendemain.

Nous avons passé la nuit à Kiev, sans avoir touché le ballon ni nous être entraînés. Le lendemain matin, à vingt-quatre heures du match, nous revoilà dans le hall avec nos valises. Toujours du brouillard ! Aimé Jacquet commençait à s'inquiéter, voulait s'entraîner, pestait : une équipe ne pouvait pas disputer un quart de finale de Coupe des clubs champions européens sans pouvoir même se dégourdir les jambes pendant deux jours.

Nous logions à côté du stade de Kiev et les autorités locales nous ont ouvert une salle de sport dans l'enceinte. Nous nous sommes entraînés sur... un terrain de basket ! L'après-midi, impossible, paraissait-il, de décoller pour Krivoï-Rog. Sans doute l'épisode de brouillard le plus long de l'histoire de la Russie ! Bez devenait fou, la tension montait progressivement. Il a fini par demander à notre interprète de dire au représentant russe du ministère des Sports que c'était « un imbécile ». Le traducteur a blêmi et indiqué qu'il ne pouvait pas prononcer ce mot. Il n'osait pas et on comprenait pourquoi : les Soviétiques n'étaient pas exactement connus à ce moment-là pour leur souplesse. Le président nous a regardés :

— On rentre à Bordeaux !

Les autorités nous ont alors proposé un Kiev-Krivoï-Rog en train de nuit, de 20 heures à 4 heures du matin, pour parcourir 130 kilomètres environ !

— On rentre ! a encore hurlé le président.

Sidérés, nous, les joueurs, nous sommes réunis dans un salon de l'hôtel.

— Va lui parler, toi ! Y a une place en demi-finale quand même, m'ont demandé mes coéquipiers.

Ils me chargeaient de le convaincre de revenir sur sa décision pour que nous défendions au moins nos chances, quelles que soient les conditions, même si nous devions arriver une heure avant le coup d'envoi. Je suis descendu, j'ai croisé l'épouse de Claude Bez et j'ai demandé à voir son mari. Il éructait.

— Tu comprends Gigi, ce sont des gros cons les Soviétiques ! Des gros cons ! Comment on peut se comporter comme ça ?

Je suis parvenu tant bien que mal à le calmer et il est revenu sur sa décision de rentrer en Gironde. L'UEFA, l'organisatrice de la compétition, est enfin intervenue et nous sommes partis le mercredi. Mais ce n'était pas fini : les pilotes n'étaient pas là. Ils étaient à Krivoï-Rog, afin d'obtenir une autorisation d'atterrissage. Ils sont finalement revenus et ont embarqué un pilote soviétique, officiellement parce que la tour de contrôle ne parlait pas anglais. D'aucuns disaient que le plan de vol devait rester secret et qu'il était impossible de laisser des étrangers atterrir seuls sans surveillance. Le match commençait à 17 heures, nous sommes arrivés en Crimée à 14 heures ! Il restait un petit peu de brouillard mais plus grand-chose. Nous nous sommes longtemps demandé si cette histoire était vraie ou si les Russes nous avaient baladés, s'ils n'avaient pas tout inventé, une sorte de guerre psychologique à distance. Encore aujourd'hui, je n'ai pas la réponse. Il y avait peut-être du brouillard, il n'y en avait peut-être pas, ou peu. Je ne le saurai jamais.

Nous avons enfin débarqué en Crimée, sans avoir encore mangé. Dans l'urgence, ce sont Aimé Jacquet et son staff qui nous ont servis à table. Nous n'avons pas eu le temps de reconnaître le terrain. Nous l'avons découvert à l'échauffement. 1-1, à l'issue du temps réglementaire et de la prolongation. Séance de tirs au but. Nous avons réussi les nôtres. Dominique Dropsy, notre gardien, en a détourné un sur son poteau de droite. À Fernando Chalana de marquer. Le Portugais était un pur gaucher. Il s'est élancé et a inscrit son penalty du pied droit. Nous étions qualifiés !

Tout était totalement irréel dans ce voyage. Nous nous sommes tous jetés sur Fernando, l'empêchant de se relever ou même de respirer. Après le match, nous lui avons demandé :

— Mais pourquoi as-tu frappé du droit alors que tu es gaucher ?

— Juste comme ça, pas de problème pour moi, nous a répondu Fernando, avec un détachement déconcertant.

Nous étions qualifiés mais pas encore de retour à Bordeaux. Dans le vestiaire, Claude Bez est arrivé avec le béret basque qu'il portait depuis son arrivée au stade, au milieu d'un public de militaires russes droits comme des i. Nous avons chanté

*La Marseillaise* à tue-tête, tous ensemble. Le président était ravi. Nous avons attendu un temps fou à Kiev. Pour une fois, les journalistes voyageaient avec nous. Les conditions de déplacement étaient si compliquées que le président Bez, qui n'aimait pas trop la presse, avait accepté que des journalistes nous accompagnent. Les joueurs devant, les reporters au fond de l'appareil. À Kiev, en signe de réprobation à l'égard du régime communiste, un journaliste de *L'Équipe* a déchiré des roubles devant la police russe. Il a failli se faire embarquer avant que la situation ne se règle. Nous sommes rentrés à Bordeaux au petit matin, le jeudi.

Le samedi, nous recevions Auxerre. Nos dirigeants avaient demandé à reporter la rencontre au lendemain. Guy Roux, l'entraîneur bourguignon, avait refusé. Mal lui en a pris. Le public, conscient de notre fatigue et heureux de cette qualification héroïque, était remonté comme jamais. Nous aussi. Nous avons collé un 6-1 aux Bourguignons ! Souvent, quand je revois Joël Bats, le capitaine d'Auxerre de l'époque, je lui dis :

— Vous nous avez mis en colère et nous nous sommes fâchés.

L'adversité m'a toujours rendu plus fort. Un match comme celui que nous avons disputé contre Dnipropetrovsk est un condensé de provocation.

Tous les joueurs se cherchent, s'invectivent, se taclent, pour faire sortir l'adversaire de son match. Il faut garder la tête froide, ne pas tomber dans le piège, ne pas s'énerver. J'ai toujours apporté la même réponse à la provocation : ne pas répondre par la parole mais par le jeu, en me montrant encore meilleur. Plus le contexte était hostile, plus un défenseur me mettait de coups, plus j'augmentais mon niveau de performance. J'étais et je reste un compétiteur, animé par l'idée de gagner. En match, j'étais plein de hargne, de détermination et d'envie. La haute compétition me mettait dans un état second que le commun des mortels ne pouvait pas comprendre ni même parfois percevoir. Dans la vie, je suis calme, posé, discret, peu démonstratif, je peux même avoir un côté réservé pour ceux qui ne me connaissent pas. Sur le terrain, je me transformais. J'étais un animal.

Ma férocité se traduisait par l'expression totale et entière de ma technicité. L'entraînement servait à répéter nos gammes, à affiner des gestes, à nous conditionner pour les reproduire en match. À force de répétitions, la technique s'inscrit en nous. Mais la compétition exige autre chose. L'expertise seule ne suffit pas. Si un joueur n'enclenche pas le moteur de la détermination, il n'ira pas loin. En face de lui, l'adversaire veut l'empêcher de s'exprimer. Ce sont onze mecs contre onze mecs. Ma hargne était nécessaire pour rendre ma technique utile. Si je n'avais pas eu cette rage en moi, mon jeu m'aurait peut-être permis de sauver les apparences, mais pas de durer.

Souvent, dans le bus qui nous conduisait au stade, on n'entendait pas une mouche voler. Ce silence pesant nous escortait jusqu'au vestiaire. Chaque joueur était reclus dans sa concentration, en train de puiser au fond de lui la force qui allait le pousser à se battre pendant une heure et demie.

Le haut niveau nous métamorphose. Le grand champion sort de lui-même et expose dans le match une part de lui, animale, que personne n'aurait pu soupçonner trente minutes plus tôt. Je ne suis pas le seul comme ça. Maxime Bossis, Patrick Battiston, Marius Trésor sont des gars posés dans la vie mais totalement différents sur un terrain.

Parmi les matchs de légende de cette période, il y a eu évidemment aussi le Bordeaux-Juventus Turin, en demi-finale de la Coupe des clubs champions européens, le 24 avril 1985. Moins d'un an plus tôt, j'étais devenu champion d'Europe avec l'équipe nationale et Michel Platini, mon capitaine. Cette fois, nous nous retrouvions face à face pour le titre de champion d'Europe des clubs.

Au match aller, nous avions perdu 3-0 contre les Italiens. À Turin, nous étions tendus, à l'envers dans l'approche de la rencontre. Nous étions dans notre vestiaire et Michel était entré, comme ça, pour nous saluer et hop, il était ressorti. Lui, la Coupe d'Europe, il la disputait tous les week-ends dans son championnat avec des matchs de très haut niveau, contre Naples ou Milan.

Avant le match retour, le journal *Sud-Ouest* avait demandé des encouragements à ses lecteurs et lors de la mise au vert, à Bélin-Béliet, dans le sud de la Gironde, des sacs postaux remplis de cartes nous sont parvenus. On ne pouvait pas les compter tellement il y en avait. On logeait dans des chambres sans télé, dans un cadre assez rustique. Autour d'une grande cheminée, on jouait aux cartes. Je partageais ma chambre avec Bernard Lacombe et sur une table, en guise de décoration, trônait une caisse de munitions de la Première Guerre mondiale. On a posé nos chaussures à crampons dessus : pour remonter le score, nous avions bien besoin de dynamite ! Ça n'a pas marché, pas jusqu'au bout en tout cas (2-0). Avant le match retour, on était encore plus tendus qu'à l'aller. Michel Platini est sorti du vestiaire et est venu vers moi pour me saluer. J'ai senti René Girard me tirer par le bras avant qu'il ne me dise :

— Non, tu diras bonjour après le match !

Il ne rigolait pas, René.

Sur le deuxième et dernier but de Bordeaux, une frappe fantastique de Patrick Battiston, on peut voir Michel faire un geste de rage. Depuis, on n'a pas cessé de le chambrer :

— T'as eu peur, dis-le !

Il a toujours nié.

En 2019, il était interrogé par des auditeurs sur une radio parisienne et le présentateur a dit :

— Nous avons un auditeur de Gironde, il s'appelle Alain.

C'était moi ! Là, j'ai demandé :

— Allez Michel, franchement, dis-moi : t'as quand même eu un peu peur au moment du deuxième but ?

Et il a enfin avoué ! Jean Tigana avait failli marquer un troisième but.

Ce match est resté gravé dans les mémoires. Il y avait plus de quarante mille personnes à Lescure alors que le stade ne compte que trente-quatre mille places. C'était un grand moment. Dans le vestiaire, on a eu des regrets. On n'avait pas pu répondre aux exigences du haut niveau. On n'était pas loin, on a perdu 3-2 sur l'ensemble des deux matchs, mais face à nous, il y avait des champions du monde 1982 italiens, Michel Platini, des joueurs costauds.

Un mois plus tard, en finale, aura lieu le drame du Heysel, qui fera trente-neuf morts, à Bruxelles. Je me suis toujours demandé si cette tragédie aurait eu lieu si le match avait opposé Liverpool à Bordeaux et non les Reds à la Juventus Turin. Cette finale, toute mon équipe l'a regardée ensemble dans un cinéma du Médoc sur un écran géant. Une tragédie pareille en finale de Coupe d'Europe ! L'aspect sportif n'avait plus aucune importance. Il était devenu dérisoire de se dire que l'on aurait aimé être en finale. Qu'est-ce que ça représente, face à une telle catastrophe ?

# 3

## Les copains d'abord

Un dimanche, j'ai compris que ma vie venait de basculer. C'était le 8 septembre 1974, le lendemain de ma première sélection en équipe de France. Quand je suis devenu joueur international, le regard des gens a changé radicalement. Le samedi, je jouais en Pologne. Le dimanche, je revenais dans mon village, à Langoiran. Je suis allé au bar du coin, qui était aussi le siège du club de foot, et ils avaient tous vu le match à la télé.

*Sud-Ouest* était venu prendre mes parents en photo quand ils regardaient le match. C'était en une ! J'en étais fier. Les gens me souriaient, je voyais des étincelles dans leurs yeux et c'est presque à travers eux que j'ai compris ce qui m'arrivait. Cette affection était intense, elle me donnait la chair de poule. J'en ai encore des frissons aujourd'hui.

J'étais dans mon village et je venais d'accomplir mon rêve de gosse. La boucle était bouclée. Que pouvait-il m'arriver de plus beau ? Ce n'était plus un fantasme, mais la réalité. Les gens voyaient un international et cet international, c'était moi ! Il n'y avait pas si longtemps, au fond, je tapais dans un ballon dans le garage familial. J'en avais rêvé et c'était désormais ma réalité. Totalement dingue !

J'avais connu l'équipe de France junior mais l'équipe de France, il n'y en a qu'une. Et certains footballeurs n'auront jamais la chance de la connaître. Ma première sélection remonte donc à 1974 pour une rencontre en Pologne à Wroclaw.

La direction technique nationale avait plusieurs entraîneurs nationaux qui supervisaient des joueurs par régions. Pour le Sud-Ouest, c'était Michel Hidalgo, qui deviendrait plus tard mon sélectionneur national.

À Bordeaux, tout se passait bien pour moi en 1974. Serge Chiesa, très hésitant à l'idée de jouer en équipe de France, venait de décliner la sélection. Le stage avait déjà démarré à Saint-Germain-en-Laye quand le sélectionneur national, Ștefan Kovács, certainement conseillé par Michel Hidalgo, m'a appelé pour me proposer de rejoindre les Bleus. J'étais bouleversé, intimidé, pas incrédule mais quand même un peu sonné. J'avais soif de la suite, j'avais hâte. À 22 ans, j'étais encore jeune et guidé par mes émotions d'enfant.

Je connaissais le gardien de but, Jean-Paul Bertrand-Demanes, avec qui j'avais joué en cadets régionaux. J'ai été titularisé devant, en attaque, avec Christian Coste, Georges Bereta à gauche, et moi, à la place de Serge Chiesa – à droite donc. Je m'évertuais alors à travailler avec Jean-François Jodar, l'arrière droit. Tout s'est mis en place progressivement dans ma tête. Le staff technique me préparait idéalement. Dans l'avion pour Wroclaw, Stefan Kovács m'a annoncé que j'allais être titulaire et m'a expliqué mon rôle. Je me suis dit alors qu'il fallait que je sois à la hauteur et que je respecte absolument toutes ses consignes. En face, c'était un gros morceau quand même. Je n'arrivais pas en terrain conquis : nous affrontions la Pologne, troisième de la Coupe du monde 1974. L'époque n'était pas celle où la jeune recrue arrive, à l'aise, décomplexée, comme nous le voyons ces dernières années en équipe de France. Le maillot de la France pesait son poids sur mes jeunes épaules. *La Marseillaise,* surtout jouée à l'étranger, me donnait des frissons. Les poils qui se dressaient sur mes bras. J'ai senti et ressenti physiquement l'expérience équipe de France, le port du maillot national, la transformation qui s'opère dans ma tête, dans mon cœur, autour de moi.

J'étais en train d'aller jusqu'au bout de ce qu'un joueur peut espérer devenir et atteindre. L'équipe de France représente à la fois une consécration et un début. C'est le statut suprême. Quand Laurent Blanc est devenu à son tour le sélectionneur national de l'équipe de France (2010-2012), il a pris l'habitude d'inviter à chaque rassemblement un ancien international afin qu'il partage son expérience. J'aime beaucoup cette idée de transmission. Elle est nécessaire dans un monde qui oublie vite et tout. Il a eu la gentillesse de me convier en novembre 2011. Je me trouvais alors à Paris avec l'équipe du Mali et eux, les Bleus, logeaient à Enghien-les-Bains. J'étais devant les joueurs, le staff a présenté un clip retraçant ma carrière et je devais dire deux mots. En conclusion, après un bref discours, j'ai confié aux Bleus :

— C'est un honneur d'être auprès de vous, vous êtes l'équipe de France, et c'est la plus belle place !

Il n'existe rien de plus beau pour un footballeur que de porter le maillot de la sélection. Le Graal ! J'ai atteint ce nirvana, ce paradis pour un footballeur amoureux du jeu et de son pays.

Pourtant, l'histoire que je vais vous raconter n'est pas un long fleuve tranquille. Entre l'équipe de France et moi, il y a eu pas mal de contrariétés.

Prenons le début, par exemple. Entre les performances difficiles de Bordeaux et l'éclosion d'un certain Michel Platini, il s'est passé trois ans entre ma première et ma deuxième sélection. Je suis revenu chez les Bleus sous les ordres de Michel Hidalgo, devenu entre-temps sélectionneur national, à la place de Kovács. C'était en avril 1977, à Genève.

Nous avons gagné 4-0 contre la Suisse. J'avais réussi à m'imposer, semblait-il, puisque je devais effectuer la tournée en Amérique du Sud en 1977. Elle était censée préparer le Mondial qui aurait lieu un an plus tard en Argentine. Mais j'ai eu beau m'accrocher, j'étais quand même victime des performances globales de mon club.

La Coupe du monde 1978 approchait et Bordeaux souffrait énormément en championnat. Je ne pouvais pas rivaliser avec Michel Platini, Henri Michel ou Jean-Marc Guilloux, indéboulonnables en sélection. Mes concurrents directs, plus à mon niveau à ce moment-là, se nommaient Jean Petit et Claude Papi. Le premier devait remporter le championnat de France quand le second s'était hissé jusqu'en finale de la Coupe de l'UEFA. Ils ont été retenus pour le Mondial. C'était logique, évidemment, mais j'étais quand même dépité. J'ai raté la Coupe du monde 1978 et j'ai pensé dans la foulée que la sélection, c'en était fini pour moi. Quatre ans après ma première sélection, j'avais fait une croix sur l'équipe de France. Je n'y croyais plus.

Je me focalisais donc sur les Girondins, qui, à partir des années 1980, sont devenus une bonne puis bientôt une grande équipe. Évoluer à un très haut niveau, ce n'était plus pareil. Je retrouvais de l'ambition. Au fond de moi, je sentais bien que j'avais encore le potentiel requis pour rejoindre l'élite du football français. Un certain Franz Beckenbauer m'a aidé indirectement. En 1980, après un match amical Bordeaux-New York Cosmos, club américain où il évoluait alors, le grand Beckenbauer, champion du monde et d'Europe avec l'Allemagne, a demandé au journal *France Foot 2* :

— Comment se fait-il que le numéro 10 de Bordeaux ne joue pas en équipe de France ?

*France Foot 2* était la bible du ballon rond. Tout le monde le lisait, il avait une importance considérable à une époque où il n'y avait pas tous ces débats, les talk-shows, les réseaux sociaux comme aujourd'hui, à la télévision, à la radio ou sur Internet.

En 1981, je suis enfin rappelé. Je me suis dit à moi-même ce que j'allais d'ailleurs dire ensuite au sélectionneur :

— Maintenant, je viens pour rester ! Sinon, qu'on me laisse tranquille et on n'en parlera plus.

Il ne s'agissait pas de fierté mal placée mais d'ambition. Je l'affirmais comme pour m'accrocher à mon rêve, être sûr que je n'allais pas déchanter une nouvelle fois. Je le disais presque pour être certain que cela allait arriver : que je m'installais enfin en Bleu, sept ans après ma première cape. J'avais désormais 29 ans et le temps pressait. J'ai enchaîné heureusement deux bons matchs, Pays-Bas-France et France-Belgique. Je savais que je pouvais jouer dans cette équipe. J'en avais le niveau, indéniablement. Mais la presse a écrit : « Giresse et Platini ne peuvent pas jouer ensemble. » Opposition de style, manque de complémentarité, même registre, voilà ce que les médias ont estimé...

Je n'étais pas du tout d'accord ! Et j'étais sûr que ni Michel Hidalgo, ni Michel Platini ne pensaient comme les journalistes. Mais je préférais en avoir le cœur net. Je n'ai jamais aimé laisser la mauvaise herbe proliférer. J'aime quand tout est clair et carré, une autre constante dans ma vie.

Au rassemblement suivant, à Jouy-en-Josas, où l'on s'entraînait sur le terrain d'une grande école, j'ai demandé à Michel Hidalgo une entrevue à trois, avec Michel Platini. Lui et moi n'avions pas encore véritablement joué ensemble, seulement à trois reprises. Ce n'était rien pour juger. Pour moi, il n'y avait évidemment aucun problème ni inconvénient à évoluer aux côtés de Michel. Au contraire. Entre ce que je voyais de lui et ce que je savais de moi, je pensais que notre association pouvait devenir fructueuse. Nous étions jusque-là juste des adversaires en championnat de France.

Platini et Hidalgo estimaient également qu'il n'y avait aucun nuage à l'horizon, aucune menace sur notre assemblage, sur les automatismes à trouver. Cette discussion était primordiale. Le plus important consistait à être en phase tous les trois, et nous l'étions.

Je ne suis pas sorti soulagé de cette conversation parce que je n'avais aucun doute. J'étais simplement heureux que nous soyons parvenus à établir les conditions d'une possible réussite. Quand on est animés par les mêmes objectifs, tout le monde s'y met et apporte sa contribution, ce qui augmente les chances de gagner, tout simplement.

Nous étions sur la même longueur d'onde. Je ne me considérais pas comme un joueur dans l'ombre de Michel Platini. La réussite de cette équipe de France a tenu au fait d'avoir mis Michel Platini dans les meilleures conditions. J'y ai contribué, et c'est plus que valorisant pour tous ses partenaires.

Platini était notre leader technique, c'était une évidence. Mais aussi le leader sur le plan mental. Quelques années plus tôt, alors que je n'étais pas en sélection, il y avait eu un problème de primes au sein des Bleus à cause d'une sombre histoire d'équipementier. On aurait pu attribuer l'argent au prorata de la notoriété du joueur, selon son nombre de sélections ou de buts, ou je ne sais quel critère encore. C'était ainsi que les Allemands avaient procédé. Mais Michel, lui, avait dit :

— C'est simple, nous sommes vingt-deux, on divise la somme par vingt-deux et basta.

Et la Fédération avait divisé les primes par vingt-deux, fin de l'histoire.

Moi, j'étais l'un de ses lieutenants lors de mon retour en équipe de France. J'étais le capitaine de Bordeaux, entouré de joueurs bordelais au sein de l'équipe nationale. Je ne contestais pas son leadership parce qu'il était incontestable ! De toute façon, ce n'était pas dans ma nature. Je ne suis pas quelqu'un de jaloux. La réussite des autres me fait plaisir. Je ne cherche pas non plus à m'effacer. Je n'ai jamais été bridé en équipe nationale. Ni frustré ni aigri. Certes, j'ai marqué moins de buts qu'à Bordeaux mais j'évoluais dans un autre registre. Ça ne m'a pas empêché de participer à la Coupe du monde 1982, d'aller en demi-finale, de finir troisième au Mondial 1986, d'être champion d'Europe en 1984.

Le football est un sport de réflexion mais aussi d'intelligence. L'intelligence de jeu se manifeste dans cette capacité à accepter le leadership du capitaine d'équipe. La complémentarité, elle, n'est pas toujours innée, mais elle consiste à comprendre l'autre. Nous avons une expression pour cela. On dit d'un joueur : « Il est footeux. » C'est-à-dire que pour lui, le jeu est instinctif dès le premier match. En équipe de France, tout s'est enclenché de manière automatique. Jouer avec de grands joueurs a été un régal ! Savoir faire jouer les autres et jouer avec, c'était facile ! C'est mon histoire avec Michel Platini et tous les grands joueurs de cette génération ou de ces épopées.

Il y a donc eu cette discussion fondamentale et fondatrice à trois entre les deux Michel et moi. Michel Hidalgo a même décidé d'aller encore plus loin en alignant trois numéros 10 : Bernard Genghini, Michel et moi. Il n'y avait pas de milieu récupérateur. C'était totalement révolutionnaire ! Nous avons demandé à Hidalgo :

— Mais qui va défendre ?

— Pas besoin puisque nous aurons toujours le ballon ! avait-il répondu, malicieux.

Les trois numéros 10, nous nous répartissions dans des zones où nous pouvions empêcher la construction adverse. Le « vrai » travail de récupération était effectué par les joueurs derrière nous. Il s'agissait d'inverser le rapport de force. Notre potentiel offensif nous permettait d'inspirer la crainte. L'équipe de France me faisait alors penser à Bordeaux. C'était du grand professionnalisme avec des joueurs respectueux et simples dans leur attitude, sans chichis ni divas. Je ressentais un bien-être au quotidien.

Il était agréable et facile de vivre avec cette équipe. Il n'y avait aucune relation malsaine. Tout le monde était relié à la cause commune : porter haut les couleurs de la France. Lors des séjours en équipe, que l'on nomme les rassemblements et que les footballeurs trouvent toujours trop longs, personne ne restait muré dans sa chambre.

Cartes, billard, nous jouions à tout, nous avions besoin de nous retrouver, d'échanger, de déconner et plus le temps passait, plus nous commencions à bien nous connaître et à nous apprécier. Une bande de potes était en train de voir le jour ! Michel Hidalgo nous encourageait à nous réunir, à ne pas nous côtoyer qu'aux entraînements. Il le réclamait au quotidien et il serait suivi à la lettre sans que nous ayons à nous forcer.

Pour la préparation à la Coupe du monde 1982, il nous a emmenés pendant la trêve hivernale, avec les familles, à Font-Romeu, une station des Pyrénées-Orientales qui culmine à plus de 2 000 mètres. Pendant que les internationaux pratiquaient le ski de fond, les femmes et les enfants descendaient les pistes dans la bonne humeur. Nous avons passé Noël et le jour de l'An là-bas et ce séjour a raffermi les liens et renforcé la cohésion. Cela dépassait le stade de la bonne entente entre nous. Nous découvrions les proches de nos copains et la bonne humeur entre nous devenait virale.

Le 12 février 2020, à l'initiative de Michel Platini et du CIF (Club des Internationaux de football), nous nous sommes retrouvés autour de Michel Hidalgo à Marseille, un gros mois avant sa disparition survenue pendant le premier confinement. Le moment restera magique, malgré l'émotion d'alors et celle encore présente à l'évocation de ce souvenir et de la mélancolie qu'il laisse derrière lui.

Il y avait des joueurs de la Coupe du monde 1982 et des champions d'Europe 1984. Humainement, ce que nous avons vécu est très fort ! Ces événements sont notre vie, en fait. Pas toute notre vie mais un morceau essentiel et constitutif de ce que nous sommes devenus par la suite. Je souhaite à tout le monde de connaître cette richesse dans les rapports humains.

Au départ, nous étions dans la camaraderie. Nous avons passé ce cap au fil du temps. Il s'agit d'amitié désormais. Ces expériences en sélection nous unissent à vie. Rien ne pourra nous enlever cela. C'est notre trésor caché. Et qu'est-ce que c'est bon ! Qu'est-ce que c'est chouette ! Ce lien est ce qui m'est arrivé de mieux dans le football. Bien sûr, le temps instaure de la nostalgie.

Je suis persuadé que nous n'aurions pas été champions d'Europe en 1984 si les Bleus n'avaient pas réuni ces hommes-là, à ce moment-là et autour de cette idée de fraternité, incarnée, encouragée par notre regretté Michel Hidalgo. Nous n'avons pas atteint la finale de la Coupe du monde 1982 mais des liens se sont créés. Nous n'aurions pas non plus pu gagner l'Euro « à l'allemande » : « Bonjour, bonsoir, on vient pour un business, la victoire finale en l'occurrence, et au revoir. » La preuve : nous continuons à nous voir presque quarante ans après parce que cela nous est essentiel.

Notre Coupe du monde 1982 reste à la fois une belle surprise et une plaie vive. Autrement dit : nous ne nous étions pas imaginé atteindre la demi-finale et nous ne savions pas que nous allions toucher la Coupe du monde du doigt.

Quand le Mondial a démarré, je n'ai eu qu'une obsession, qu'une préoccupation : le remporter.

Je me suis dit que cette Coupe du monde était à la fois ma première et peut-être ma dernière. Une carrière de footballeur est fragile. Je suis bien placé pour le savoir. On peut se blesser ou tout simplement rater le wagon. En 1978, je n'ai pas réussi à m'imposer pour intégrer les vingt-deux du Mondial en Argentine. Cette fois, je ne voulais pas gâcher mes chances. C'était un aboutissement et je me devais de tout donner, d'être à la hauteur de l'événement. Dès le premier jour de préparation à Font-Romeu au printemps 1982, je me sentais prêt. Mentalement, physiquement. J'étais déjà à fond.

Nous avons perdu contre l'Angleterre (3-1) pour commencer, à Bilbao. J'avais donné la balle de but à Gérard Soler mais j'avais été médiocre, comme l'ensemble de l'équipe. Cela débutait mal. Nous étions en colère contre nous-mêmes. La presse, en grossissant le trait, parlait de dissensions au sein du groupe. Certains, il est vrai, faisaient la tête parce qu'ils n'avaient pas joué. Comme toujours en compétition internationale : tout va bien jusqu'au premier match et, quand il a lieu, les remplaçants accusent le coup.

Le deuxième match se déroulait à Valladolid. Le président de la Fédération française, Fernand Sastre, m'a convoqué dans sa suite à l'hôtel où nous logions.

— Alain, tu vois ça avec les cadres mais il faut se remobiliser, m'a-t-il dit.

— Je ne suis pas capitaine, président.

— Je sais bien que tu n'es pas capitaine mais tu as de la sagesse et du recul.

Michel Platini était le capitaine et moi, j'appartenais aux sous-lieutenants, aux côtés de Maxime Bossis ou de Bernard Lacombe. Nous avons fait corps autour de Michel, qui connaissait parfaitement ce genre de situation. Nous avions vécu la même chose avant le France-Pays-Bas (2-0) du 18 novembre 1981, décisif pour la qualification au Mondial. Après la causerie de Michel Hidalgo, et juste avant d'affronter le Koweït le 21 juin 1982, Platini a demandé au sélectionneur de nous laisser seuls entre joueurs. En chef de meute, notre capitaine a remobilisé le groupe, en lui rappelant l'objectif commun, le niveau de concentration et d'unité nécessaire pour parvenir à nos fins. La fin de la récréation était sifflée et nous étions enfin lancés, comme la suite allait le prouver.

La compétition s'est poursuivie avec ce match surréaliste contre le Koweït. J'ai marqué mais on m'a enlevé mon but ! Nous menions 3-0 et je n'ai pas compris ce qui se passait. Quelqu'un que personne ne connaissait avait débarqué sur la pelouse (j'ai su après qu'il s'agissait du cheikh Fahd, le frère de l'émir du Koweït), avait parlé avec l'arbitre qui avait accédé, ou plutôt cédé, à sa requête. L'homme en noir, parce qu'un intrus l'avait exigé, nous retira mon but ! Je n'avais jamais vu cela et je crois que l'on n'a jamais revu une telle folie depuis.

Cet arbitre, depuis, a été radié du football. Michel Hidalgo était comme un fou. Il hurlait de colère sur le bord du terrain. Je me suis approché du banc de touche, j'ai demandé ce qui se passait mais personne ne m'a répondu puisque personne ne comprenait rien.

Le match a été interrompu un petit moment mais mon but tout à fait inscrit normalement n'a pas été validé. À la mi-temps, dans le vestiaire, je fulminais, j'étais hors de moi ! Dingue de colère à mon tour. Je criais :

— Il n'a qu'à nous enlever tous nos buts, les donner au Koweït et on perd le match ! Cela ira plus vite !

J'ai quand même marqué un but valable en équipe de France qui ne me sera jamais attribué ! Je crois que l'on ne se rend pas compte de l'absurdité de la situation, encore aujourd'hui. Heureusement, nous l'avons emporté largement (4-1). Mais c'était irréel ! Nous ne parlions que de cela après le match, pas de notre victoire. Nous étions tellement énervés ! Mais c'était presque drôle également. Du tragicomique.

Au second tour de la Coupe du monde, nous avons battu l'Irlande du Nord (4-1). J'ai inscrit deux buts, dont l'un de la tête. Genghini a donné à Platini, qui m'a transmis le ballon. Passe à Tigana, ballon à une touche de sa part, remis au centre et j'ai repris de la tête. But ! Un modèle d'action collective.

Après la rencontre, un journaliste m'a interpellé :

— Vous avez marqué de la tête, vous avez marqué de la tête !

On aurait cru qu'il avait vu la Vierge ! Je lui ai rétorqué :

— Pourquoi vous me dites ça ? Parce que je suis petit ? Quand les grands marquent du pied, ça ne vous étonne pas !

Quand j'y repense, c'est la seule fois de ma vie que quelqu'un m'a fait une remarque sur ma taille dans ce milieu. Ce mètre soixante-trois n'a jamais été un sujet pour personne. Tant mieux !

Nous avons atteint la demi-finale et nous nous pincions pour y croire ! Nous n'étions pas programmés pour parvenir à ce stade de la compétition. Nous en avions le niveau, là n'était pas la question, mais même dans nos rêves les plus fous, nous n'avions jamais imaginé nous glisser dans le dernier carré du tournoi mondial. Pour affronter qui ? L'Allemagne, à Séville. C'est-à-dire l'Everest, l'un des candidats naturels et déclarés à la victoire finale. Nous nous entraînions à 21 heures tellement il faisait chaud dans les environs. Une chaleur accablante qui n'entamait pas notre moral. Car nous étions bien dans notre tête. Il y avait de l'euphorie. Nous étions en demi-finale de la Coupe du monde, j'avais bientôt 30 ans et je n'en revenais pas !

Ce 8 juillet 1982, à la sortie du vestiaire, dans le tunnel menant à la pelouse, les Allemands nous ont toisés avec beaucoup d'arrogance et de suffisance. Ils voulaient nous déstabiliser. Mais cela n'a pas marché, personne dans notre équipe ne s'est vraiment occupé d'eux. Ils ont marqué en premier, Michel Platini a égalisé sur penalty, nous étions enfin dans le match, à la hauteur de l'événement, ce qui n'était pas gagné d'avance. Une force secrète nous animait : notre mental peut-être, nos liens sûrement, construits sur la durée. Rien n'était factice entre nous. Nous nous appuyions sur notre jeu bien sûr mais aussi cette solidarité que nous avions construite au fil des rassemblements.

Est arrivée la sortie totalement surréaliste de Harald Schumacher sur Patrick Battiston. Il a foncé sur lui, les deux poings en avant, sans se soucier du ballon. Il visait carrément l'homme, le joueur. Le gardien allemand n'a absolument pas disputé le ballon avec Patrick, il n'a cherché à aucun moment à protéger son but.

Il s'agissait d'une agression, c'était grave, et totalement scandaleux ! Notre défenseur a dû quitter le terrain sur une civière, nous ne savions pas de quoi il souffrait, si sa commotion était grave ou non. Nous étions troublés, désarçonnés. Je suis allé voir Michel Hidalgo sur le bord de la touche. Il m'a dit :

— Faut continuer à jouer, on ne peut pas s'arrêter !

Pas de carton rouge ni de penalty, le match a continué comme si de rien n'était ! Au mépris des règles du jeu. C'était hallucinant.

En deuxième période, j'ai tiré le coup franc pour le but de Marius Trésor, et j'ai marqué le troisième, notre dernier de la soirée. Nous ne touchions plus terre ! Dans ma tête, je me suis vu en finale de la Coupe du monde. Dans ces moments-là, un joueur peut perdre toute notion d'objectivité et de réalité. Mon cerveau ne distinguait plus vraiment le vrai du faux. Je ne savais plus ce qui l'emportait. Pourtant, je savais bien que ce que nous étions en train de réaliser était réel, que nous étions là, tous ensemble, sur la pelouse de Séville, et que nous menions 3-1. Nous étions en train de nous qualifier pour la finale de la Coupe du monde, rien d'autre n'était possible ou imaginable à ce moment-là. Vous connaissez la suite : notre élimination après la prolongation et les tirs au but.

Partout où je me déplace depuis bientôt quarante ans, on me reparle de ce France-Allemagne. Les gens sont passés par tous les états pendant cette rencontre, ils ont pleuré, ils ont été émus, certains jusqu'aux larmes. Il y a des enfants qui ont craqué dans les bras de leur père, avec cette séance de tirs au but irrespirable, insoutenable. On me le raconte. Il est rare de vivre autant d'émotions en un seul match. Ce match a tout en lui. Il résume le football ? Non, il résume la vie !

Je suis passé de l'hystérie, sur mon but, à une violente amertume, un sentiment d'inachevé, que je ne peux résumer en un seul mot. *Déception* serait trop faible, pas à la mesure de la peine que j'ai ressentie et que je ressens peut-être toujours. *Inconsolable* me semble peut-être plus proche de la vérité. Ce 8 juillet 1982, au coup de sifflet final, après cette défaite aux tirs au but, nous n'y croyions pas !

Encore aujourd'hui, je tourne en rond pour sortir de cette sphère machiavélique, de ce labyrinthe infernal qu'aura représenté ce France-Allemagne, dédale de mauvaises ondes dont je ne trouve toujours pas la sortie ni l'échappatoire. Cela reste un cauchemar, un rêve que l'on aurait guillotiné. Je n'excuse toujours pas l'arbitre. Ah ça non ! Je n'ai même pas envie de donner son nom, et pourtant je m'en souviens très bien. Il n'y a pas eu qu'une faute, la fameuse agression de Schumacher sur Battiston, mais plusieurs, dont l'une sur moi juste avant, non sifflée ! Se tromper une fois, cela peut arriver. Deux fois, c'est fait exprès ! C'est une question de justice. Nous avons été injustement privés de la finale. Ce n'est pas l'équipe de France qui a failli, pas les Allemands qui nous ont été supérieurs, mais l'arbitre qui a tout faussé. Voilà ce que je pense, et je me dois de le dire, même quarante ans après ou presque.

Dans le vestiaire, après cette séance de tirs au but pleine de rebondissements, nous pleurions tous. La tension était si forte que nous avons ouvert les vannes, tout sortait, tout devait sortir. Nous étions brisés. Prostrés sur nos sièges. Michel Hidalgo nous a demandé de prendre une douche, de nous lever, de sortir de cette léthargie, de préparer nos affaires. Dans le silence et en larmes, nous avons mécaniquement suivi ses ordres. La vie s'était arrêtée. La cassure était incroyablement douloureuse. Nous avions juste envie de foutre le camp, de quitter Séville au plus vite. C'était un tombeau et moi, je n'avais qu'une seule idée en tête : retrouver la lumière et la vie, loin d'ici, près des miens.

À l'aéroport, il y avait deux avions. L'un pour Madrid et la finale de la Coupe du monde. L'autre pour Alicante et la finale pour la troisième place. Je m'en foutais d'Alicante ! Bon sang, qu'est-ce que je m'en fichais désormais de ce Mondial, de cette troisième place, de l'Espagne, ce pays qui m'est pourtant si cher, dont ma mère est originaire ! S'il y avait eu un avion pour Bordeaux, je l'aurais pris sans hésitation. Je n'avais plus rien à faire ici.

J'ai participé à un match légendaire, qui a remué tant de gens, ce n'est pas donné à tout le monde, j'en ai conscience. Je sais ce que vous avez vécu, vous les amoureux de l'équipe de France. D'autant plus que cette demi-finale me colle à la peau, peut-être plus qu'à un autre, même si je sais que tous mes partenaires de l'époque demeurent meurtris.

Il se trouve que mon explosion de bonheur sur le troisième but reste l'image que beaucoup gardent de moi. Tant mieux, j'en suis fier ! Si ce match n'a servi qu'à une chose, eh bien tant mieux, au fond. Je souhaite à tout le monde de vivre une telle extase, quand bien même la suite est effroyable à l'échelle du football. C'est la plus belle joie du monde ! L'exaltation complète, totale et tellement spontanée. Je n'ai rien maîtrisé sur le moment. Mais cet instant me correspond. Certains conservent une image de moi un peu réservé et se demandent comment j'ai pu exploser à ce point, sortir hors de moi. Je ne suis certes pas un exubérant ni un démonstratif mais quand il faut, je m'exprime ! Presque dix ans plus tôt, on trouve trace de ce genre de manifestation. Lors de la saison 1972-1973, j'ai marqué un but contre Nantes, celui de la victoire 2-1. Après, j'ai couru comme un cinglé, laissant derrière moi un joueur uruguayen, Pierrino Lattuada. Dans un journal qui a publié le cliché immortalisant cette scène, il était écrit : « Alain Giresse, une joie sud-américaine ». Ce n'est donc pas nouveau. Cette joie est à la hauteur de l'événement. À l'intérieur de moi, ça tressaillait de partout ! J'étais comme possédé ! Je m'imaginais alors en finale de la Coupe du monde et ce 8 juillet 1982, à 3-1 pour la France, je ne pouvais pas espérer mieux sur terre dans mon métier de footballeur.

À Alicante, on a bu la soupe à la grimace. C'était la grosse déprime. Mon mollet avait doublé de volume suite à ce coup reçu et non sifflé par l'arbitre pendant la demi-finale. Nous menions alors 3-1 dans la prolongation et juste avant le 3-2, j'étais dans la surface de réparation allemande.

Le milieu Wolfgang Dremmler m'avait frappé par-derrière. Sur la même action, Michel Platini avait été également touché, l'Allemagne avait continué sa progression vers notre but et Karl-Heinz Rummenigge avait marqué. Si l'arbitre avait fait son travail, en sifflant sur la faute commise sur moi ou sur celle commise sur Michel, la RFA n'aurait jamais inscrit ce deuxième but à ce moment-là.

Michel Hidalgo nous observait, nous qui étions complètement défaits. Des fantômes, les yeux rivés sur leurs crampons ! La bonne humeur, elle, c'était sûr, avait quitté l'Espagne. Les journées nous paraissaient interminables et Hidalgo a décidé de titulariser pour ce dernier match ceux qui n'avaient pas encore joué. Une finale, normalement, oppose deux vainqueurs. Là, il s'agit de deux vaincus, la France et la Pologne. Nous avons perdu (3-2) et chacun est rentré chez soi le plus vite possible, sans repasser par Paris. Ça avait assez duré comme ça.

Nos familles nous attendaient. Je suis rentré chez moi à Langoiran. Mon fils Thibault avait un an. J'étais parti depuis deux mois, préparation et Coupe du monde comprises. Il ne voulait même pas venir dans mes bras, ce petit chou ! Heureusement, nous avons découvert le bonheur que nous avions semé sur notre route depuis l'Espagne.

Nous sommes alors entrés dans une autre dimension. Jusque-là, nous étions dans notre bulle à l'étranger. Mais le public voulait nous raconter ce qu'il avait vécu depuis la France, nous féliciter, nous remercier. On me touchait, on me saluait, on m'arrêtait dans la rue. On voulait communier. Ce n'est qu'à ce moment-là que nous avons pris conscience de la trace que cette Coupe du monde avait laissée dans les têtes et les cœurs. Les gens étaient traversés par les mêmes sentiments que nous. Ils nous félicitaient mais nous livraient aussi leur rancœur et leur colère. Politiquement, entre la France et l'Allemagne, la situation était encore un peu fragile, moins de quarante ans après la dernière guerre. Les gens étaient pleins de compassion à notre égard. Franchement, ça m'a fait du bien. Cela m'a permis de surmonter un peu mieux cette défaite aux tirs au but, même si je ne crois pas pouvoir la digérer un jour.

Mentalement, il a fallu m'en remettre. Le championnat reprenait après l'été. Quand nous, les internationaux présents à la Coupe du monde, sortions nous échauffer partout en France, le public nous applaudissait. Lors d'un match amical contre Cannes sur la Croisette, on nous a même demandé de faire le tour d'honneur du stade ! Les Français étaient heureux !

Grâce à ce Mondial, ma carrière a pris une autre dimension. J'ai fini deuxième au Ballon d'or *France Football* en 1982, j'ai été désigné champion des champions du journal *L'Équipe* en fin d'année. Je me reposais à la montagne lors de la trêve hivernale. Je suis descendu acheter le journal et j'étais en une ! Je n'en revenais pas, j'étais fou de joie ! J'ai aussi été élu « joueur le plus combatif de la Coupe du monde » par la FIFA, l'organisatrice du tournoi. Passé l'été et avec le recul, je peux dire que je me suis relevé du Mondial grâce aux Girondins, grâce à Aimé Jacquet, grâce aux autres joueurs et grâce à ces témoignages d'affection des gens. J'ai repris petit à petit des forces. Je ne pouvais pas gommer cette déception mais j'avais envie de continuer, de foncer, j'attendais la suite avec impatience. La ferveur soulevée m'a porté et m'a poussé. Certes, je suis revenu abîmé de cette compétition, mais, à la fin, elle m'a donné des ailes.

Je ne le savais pas encore, mais mes plus belles saisons étaient à venir.

# 4

## Le triomphe du jeu

Pour le championnat d'Europe 1984 organisé en France, Michel Hidalgo a préféré quitter Jouy-en-Josas, notre repaire habituel, et nous installer dans un monastère à Sainte-Geneviève-des-Bois. Nous étions dans notre petit univers. J'aimais l'idée de prendre de la distance avec l'effervescence liée au match et à la compétition.

Dans ma chambre, j'ai affiché quelques photos de ma famille et j'ai rangé mes affaires. J'avais sept à huit paires de crampons là où mes partenaires en possédaient deux ou trois. C'était mon truc, les chaussures. Je ne les collectionnais pas mais il s'agissait de mes outils de travail et je ne plaisantais vraiment pas avec ça.

Les chaussures de Séville, je les avais toujours deux ans plus tard (et encore aujourd'hui, bien cachées dans mon grenier à souvenirs !) mais j'ai dit stop dès le 8 juillet 1982. Je ne les ai jamais remises. Je ne m'entraînais jamais avec les crampons que j'utilisais en match, qui plus est.

Nous avons vécu ce championnat d'Europe de manière décalée, dans notre bulle, loin de la passion et de la ferveur du public. Nous nous en rendions uniquement compte les jours de match, avec ces foules très sentimentales massées autour des stades. Michel Hidalgo n'avait pas voulu que les Bleus disputent toutes leurs rencontres à Paris au Parc des Princes. Il avait insisté pour cette délocalisation régionale. Nous avons joué à Nantes, à Saint-Étienne, à Marseille, et la finale dans la capitale.

En 1984, l'équipe de France possédait une assise. Individuellement, nous nous étions bonifiés dans nos clubs respectifs. Nous avions davantage d'expérience, un concept que l'on entend souvent en football. On dit : Untel ou Untel, telle ou telle équipe, manquent d'expérience ou, au contraire, en ont beaucoup. Pour moi, l'expérience recouvre la capacité à connaître de nombreuses situations de jeu, des situations tactiques qui réclament un ajustement technique. L'expérience est l'outil qui permet d'analyser les différentes situations, de s'adapter et d'y répondre. L'expérience permet de répéter ce qu'on sait déjà faire. Nous en sommes là, avec les Bleus.

Nous battions alors les meilleures équipes, nous ne doutions pas de nous et nous sommes partis dans l'idée de tout gagner lors de cet Euro 1984. Nous serions au taquet pour ces cinq matchs, voilà la promesse que nous nous étions faite. Elle allait se réaliser.

À l'Euro, nous étions en mission, il y avait beaucoup moins de déconne qu'en 1982 ou plus tard en 1986 à la Coupe du monde au Mexique. C'était du concentré. Après chaque victoire, nous revenions au monastère. Contre la Belgique à Nantes (5-0), nous avons livré un récital ! Hidalgo a installé Luis Fernandez dans un rôle de faux arrière droit.

Aujourd'hui, on cadre tellement les joueurs qu'on les déresponsabilise. Nous, nous nous adaptions. Luis jouait à droite ? OK, pas de problème. Travail de compensation, analyse des situations. Luis a réussi à marquer parce que quand il est monté et que je lui ai fait la passe pour son but, quelqu'un a compensé son déplacement.

Lors du succès contre la Yougoslavie (3-2) à Saint-Étienne, notre performance était moins aboutie. Mais nous avons su nous relever d'une première période plus compliquée. Sur le plan mental, nous avons acquis une dimension supérieure pour appréhender des situations difficiles par rapport à 1982. L'expérience, toujours.

Évidemment, il y avait de la joie, mais contenue. Plutôt de la satisfaction, en fait. Nous étions une équipe tendue vers son objectif, concentrée sur l'essentiel, délaissant l'accessoire. Nous restions sur notre objectif : décrocher le titre de champions d'Europe !

Nous voilà dans le dernier carré de la compétition.

En demi-finale contre le Portugal à Marseille, une appréhension a surgi : nous n'aimions pas les équipes latines. Sur le plan athlétique, elles se rapprochaient beaucoup plus de nous que les joueurs nordiques ou des pays de l'Est.

À Séville en 1982, nous menions face aux Allemands avant d'être sortis aux tirs au but. Cette fois-ci, nous sommes menés par le Portugal dans la prolongation, après un match nul dans le temps réglementaire (1-1). Nous n'étions pas perturbés plus que cela. Il n'y avait pas de forme d'abandon sur le plan moral. Au contraire, nous nous remettions à la tâche. C'était la nouveauté : nous avancions dans la compétition avec un mental en acier inoxydable. Nous étions forts, sûrs de nos forces, en mission et en quête. Rien ne pouvait nous en détourner.

Cette conviction animait les vingt-deux Tricolores. Jean-François Dormergue nous a claqué deux buts, dont l'un sur un coup franc que Michel Platini l'a laissé frapper parce qu'il avait mal au pied. C'était le destin, ça ! Nous possédions le meilleur tireur de coup franc du monde mais il s'effaçait parce qu'il avait une douleur… et ça a été but quand même !

À l'avant-dernière minute de la prolongation, juste avant l'épreuve des tirs au but qui nous aurait forcément rappelé de sales souvenirs, ce sacré Jean Tigana nous a sorti une action de percussion de légende. Il s'enfonce côté droit de la surface de réparation et garde la lucidité de remettre le ballon sur sa gauche à Michel. Tout aussi clairvoyant, Platini frappe en l'air sous la barre transversale pour éviter le gardien. Score final : 3-2, nous étions en finale du championnat d'Europe, la délivrance !

Enfin, une équipe de France était en finale ! 1958, pas de finale ; 1982, pas de finale. Nous revenait le souvenir de Séville, de la douleur de ne pas connaître l'ultime rencontre, celle où tout se joue, cette ligne de crête entre les héros et les autres, vite oubliés. Comme nous l'avait martelé Michel Platini, « une finale est faite pour être gagnée ».

Le jour de la finale contre l'Espagne, dans notre monastère, la tension s'est emparée des couloirs et s'est diffusée de manière contagieuse. À l'heure de la sieste, je tournais en rond, un coup à droite, l'autre à gauche. Je faisais les cent pas, mais dans mon lit ! Normalement, j'arrivais à m'endormir une heure ou une heure et demie mais là, pas du tout, rien. Je n'étais pas le seul à ne pas parvenir à me détendre pour mieux entrer dans ma concentration. Je suis sorti de ma chambre et j'ai vu des partenaires qui jouaient aux cartes, d'autres qui arpentaient les couloirs sans raison. C'était très pesant. J'ai rarement vécu une journée d'avant-match aussi prenante. Elle vous vide de tout et franchement, ce n'était pas le jour ni le moment. Il y avait une finale de championnat d'Europe à disputer ! Nous n'étions pas à l'aise, pas tranquilles. Il n'y avait personne cette fois-ci pour blaguer et détendre l'atmosphère. Nous devions avoir en nous de sacrées réserves quand on connaît la suite.

Dans le bus qui nous a conduits au Parc des Princes, il n'y avait pas de musique, pas un bruit, rien, ça ne mouftait pas. À Marseille, pour la demi-finale, un problème était survenu. Le rétroviseur avait percuté un camion, Jean Tigana et Bruno Bellone avaient reçu des éclats de verre en se rendant au Vélodrome. Il y avait eu un moment de panique, une montée d'adrénaline. J'aurais presque préféré que ça recommence en me rendant porte de Saint-Cloud.

Au Parc des Princes, dans le vestiaire, nous avons échangé par petits groupes lors des massages, dans la pièce annexe. Nous étions très concentrés et moi je restais confiant, malgré ma préparation perturbée par cette tension inédite. J'avais un secret ! La défaite à Paris, je ne la connaissais pas.

En effet, j'ai perdu sept matchs avec l'équipe de France, mais aucun au Parc des Princes. Alors je savais qu'il ne pouvait rien m'arriver ! Dans la presse, les Espagnols s'en étaient pris à Luis Fernandez, né à Tarifa en Andalousie. J'avais plus de chance. Ma mère, Théodora Sanchez, est espagnole et j'ai fatalement de l'affection pour l'Espagne. Le maire du village où ma mère est née, Fuenteguinaldo, à côté de Salamanque, avait déclaré dans les journaux à mon sujet : « Il est comme de chez nous. » J'étais touché.

Avant de rentrer sur la pelouse, Michel Platini nous a soufflé :

— Pendant les hymnes, que personne n'ait le regard qui parte à droite à gauche chercher la famille présente dans les tribunes. Les yeux rivés sur la coupe, pour l'attirer vers nous !

Pendant *La Marseillaise*, nous regardions alors tous la coupe posée devant la tribune présidentielle. Quand Michel parlait, tous l'écoutaient – et ça continue d'ailleurs, quarante ans après !

Notre match ne demeurera pas notre meilleur. Nous étions obsédés par l'idée de gagner et de la soulever, cette coupe. Il n'y avait que cela qui comptait. Luis Arconada, le gardien, a commis une erreur, une faute de main, sur le coup franc de Michel Platini, qui nous a permis de marquer le premier but. J'ai eu de la peine pour ce portier qui évoluait alors à la Real Sociedad. Bordeaux l'affrontait souvent l'été en match amical de préparation et je le connaissais bien. Je ne pouvais pas m'empêcher de me mettre à sa place.

Après le but, je me suis dit : « Nous sommes devant l'Espagne, maintenant il faut tenir le résultat ». Et puis Bruno Bellone est parti seul au but et a mis un piquet pour inscrire le deuxième but en fin de match. J'ai ressenti une incroyable délivrance. Enfin, nous avions gagné ce soir. Nous étions champions d'Europe !

Revivre un nouvel échec m'aurait été insupportable. Cette victoire ne gommait pas Séville, qui reste une cicatrice. En 1984, j'étais d'abord champion de France avec Bordeaux et maintenant, champion d'Europe ! 1982 nous a renforcés, on le sait. Je criais, je courais autour du terrain comme un malade, nous nous sautions dessus, nous faisions tout ce qui nous passait par la tête. Dans ces moments-là, le n'importe quoi succède au n'importe quoi, sans laisser de souvenirs précis. J'étais ivre de joie, soulagé, heureux. La tension accumulée venait d'exploser, comme une bouteille de champagne secouée pendant plusieurs secondes.

La fête s'est déroulée sans démesure. Nous étions presque sages avec nos verres de champ' à la main dans la piscine du vestiaire. À la fin, il ne restait que Patrick Battiston, Bernard Lacombe et moi au Parc des Princes. Trois et une Coupe. Le bus nous attendait. Nous l'avons mise dans un sac de sport, direction la Fédération française de football.

Les plus jeunes sont partis pour une soirée de bamboche en boîte de nuit. Moi, à 30 ans, j'étais déjà un ancien à l'échelle du football. Nous nous sommes retrouvés entre Bordelais de l'équipe de France, à notre hôtel à Paris, non loin des Champs-Élysées. Nous avons bu le champagne avec nos familles et puis nous sommes allés nous coucher. C'est parfois sage, un champion d'Europe ! Le lendemain, nous devions rentrer à Bordeaux. Personne n'a pensé à descendre les Champs-Élysées. Le sujet n'est jamais venu sur le tapis. Au demeurant, cela ne m'a jamais manqué. Je suis retourné à Langoiran où, depuis dix ans, j'avais ma propre maison avec ma femme et mes enfants.

Le championnat d'Europe 1984 restera le triomphe d'un entraîneur qui a mis en place une philosophie de jeu qui correspondait au football français de ce moment-là et aux joueurs que nous étions. Michel Hidalgo nous avait dit avant le tournoi :

— Nous avons une identité de jeu, il faut que l'on s'appuie dessus.

C'est simple : il voulait que le ballon transite par les milieux de terrain. Ce secteur de jeu devait enclencher le processus de création d'actions, de situations de but. Hidalgo restera l'entraîneur qui a renforcé nos convictions sur le jeu, qui a encouragé nos prises d'initiative. Une idée reçue très répandue stipule que les joueurs brillants et techniques ne sont pas combatifs. Quand j'ai obtenu le trophée du joueur le plus combatif de la Coupe du monde 1982, personne, moi le premier, ne croyait que ce prix me reviendrait. Pourtant, le technicien est combatif ! Il faut qu'il lutte contre l'adversaire qui va l'empêcher de se démarquer. Mentalement, il se doit d'être costaud également. Pour l'élément technique, le combat est en fait permanent, entre le duel à éviter et l'ouverture à trouver pour réaliser la passe idéale, fausser ses défenseurs ou marquer. La technique et le combat se marient parfaitement. Il est étrange qu'aucun spécialiste ne le dise ou ne le voie.

Je crois que cette victoire en 1984 a créé un élan dans le football français. Il a surgi après une montée en puissance observée lors des Mondiaux 1978 et 1982 où la sélection a réalisé de beaux parcours. Nous étions un peu à la traîne et d'un coup, certains se sont mis à comprendre que nous étions aussi armés et capables que les autres. Voire un peu mieux si l'on se fie à notre titre de champion d'Europe, incontestable. Mais des fautes ont également été commises après. En 1990 et 1994, la France est passée à la trappe et ne s'est pas qualifiée pour les Coupes du monde. Certains ont cru que parce que nous avions terminé troisièmes au Mondial 1986, c'était bon, « la relève est assurée », comme l'a écrit à l'époque *L'Équipe*.

Au lieu de cela, on s'est endormis. Arriver au plus haut niveau est une chose, s'y maintenir, une autre. Les joueurs de la « relève » n'ont pas pris en considération les efforts à consentir pour maintenir l'équipe de France à un très haut niveau. Je me suis perpétuellement remis en cause durant ma carrière. Eux, pas beaucoup. La Fédération française de football, elle non plus, n'a pas pris la mesure de la suite, n'a pas su anticiper, n'a pas compris ce qui pouvait se passer après nous. Résultat : quand les internationaux de 1982, 1984, 1986 ont raccroché, les Bleus sont partis en sucette. Je suis obligé de le dire : je n'ai pas aimé ce qui a suivi ma retraite en équipe de France, après le Mondial 1986. Il faudra attendre 1998 et Aimé Jacquet pour que l'ordre revienne dans la Maison bleue. Il a installé un cadre, s'est montré exigeant et a développé cette capacité à faire comprendre aux joueurs ce qui est nécessaire pour prétendre évoluer au plus haut niveau, c'est-à-dire ne jamais renoncer aux efforts ni à la remise en cause individuelle ou collective. Il n'y a pas de secret : cette exigence, nous l'avions, à l'image du carré magique de l'équipe de France.

# 5

## Au cœur du carré magique

L'expression venait de la presse française et a surgi après l'Euro 1984. Il y a eu deux formules du carré magique, l'une avec Bernard Genghini, l'autre avec Luis Fernandez. Et donc à chaque fois, Jean Tigana, Michel Platini et moi-même, avec Bernard puis avec Luis.

L'expression date de 1984 mais dès 1982 nous jouions tous les quatre ensemble. Michel Hidalgo en avait eu l'idée.

— On peut enlever un attaquant parce que Michel Platini, même si c'est un numéro 10, il a la capacité de marquer des buts, nous disait-il à l'époque.

La première fois que le carré a été aligné, nous n'avions pas passé le jour et la nuit à parler de tactique. Chacun a mené sa réflexion pour faire en sorte que l'idée fonctionne. Il s'agissait de tenir compte du profil de ses partenaires, d'avoir la capacité à savoir se positionner et se déplacer pour répondre aux attentes de Michel Hidalgo. Le carré magique était à la fois le produit d'une génération et celui d'un homme audacieux, notre sélectionneur national.

Le football français peut rendre hommage à Michel Hidalgo notamment pour cette idée et sa mise en application. Avant, le football français vivait dans une espèce d'à-peu-près. Michel a donné aux joueurs les moyens athlétiques pour répondre aux exigences d'un match. Il m'est arrivé de croiser Vicente del Bosque, le sélectionneur de l'Espagne championne du monde en 2010, lors de séminaires de sélectionneurs quand j'officiais en Afrique. Il m'a dit :

— Vous étiez l'Espagne avant l'heure. Nous sommes le produit du carré magique.

Quel hommage ! Vous ne pouvez pas savoir comme on est heureux quand la reconnaissance vient du milieu et d'un homme aussi brillant que Vincente del Bosque, véritable architecte d'un jeu sublime, fait de mouvements, de jeu à une touche dans les petites espaces, de redoublements de passe. Exactement le football que j'aime. Il est vrai que quand je vois cette Espagne des années 2010 jouer, elle qui sera championne d'Europe en 2008 et en 2012, championne du monde en 2010, ça me rappelle quelque chose.

À l'époque, on ne parlait pas de « possession » mais de « création ». Il s'agissait de possession-construction. Il nous fallait le ballon pour construire. Derrière nous, les joueurs nous alimentaient vite grâce à des relances propres à partir du moment où nous savions nous rendre disponibles. À nous, aux milieux de terrain, de savoir nous déplacer entre les lignes et dans les espaces. Les défenseurs ne cassaient pas les lignes avec la passe, comme on le dit aujourd'hui, mais « jouaient vers l'avant ».

Toute l'équipe était en phase et la connexion s'opérait. France-Belgique (5-0) pendant l'Euro 1984 demeure pour moi le plus grand match du carré magique. Un chef-d'œuvre, un récital. Nous étions à la Scala de Milan ! C'était une adhésion totale et franche, sans limites. C'était un carré à cinq puisque nous y sommes tous, Michel, Jean, Bernard et Luis, dans un rôle de faux arrière. Tout était fluide ce jour-là, harmonieux, la passe arrivait dans l'espace adéquat, le contrôle était parfait, les buts, sublimes. C'était génial !

Il n'y avait aucun problème d'ego entre nous parce que nous ne savions même pas ce que c'était, l'ego. Nous n'en parlions jamais. Si un journaliste m'avait posé la question en 1982 ou 1984, je lui aurais dit :

— Ego ? C'est un mot français, ça ?

Aujourd'hui, on en parle beaucoup, on dit que cela dessert une équipe. Je ne dis pas que l'ego n'existe pas mais je pense que l'on en parle plus que ce que ce prétendu problème représente réellement au sein d'une équipe. Nous, nous étions alors dans une forme de conscience professionnelle qui correspond à la nature du football. Travailler ensemble et les uns pour les autres. Luis Fernandez et Jean Tigana l'ont dit après :

— Nous, nous étions les essuie-glaces dans le carré magique.

Je leur répondais :

— Il ne vous fallait pas des essuie-glaces de Twingo mais d'un 35 tonnes !

Eux, ils étaient faits pour courir et nous, pour construire.

J'ai envie de vous détailler ce carré magique, un par un. Ce sont mes amis mais avant tout d'immenses joueurs. Commençons par Jean Tigana. C'est un homme de tempérament, de caractère, qui a beaucoup travaillé pour acquérir son volume de courses, ses trois poumons, comme on le disait à l'époque. Aimé Jacquet lui avait permis de développer cet aspect. « Jeannot » a un mental à toute épreuve et une capacité à récupérer le ballon puis à vite relancer. Je l'ai côtoyé à Bordeaux comme en équipe de France et je savais qu'en me déplaçant bien, le ballon allait m'arriver quand je voulais, où je voulais. Il était très fort pour ça. Des récupérateurs comme lui, cela existe mais pas avec cette capacité de relance. Comme il dit lui-même :

— Moi, je ne mettais pas le pied dans les 18 mètres. Dans la surface de réparation, je regarde le but, il mesure 50 centimètres. Quand Michel Platini le voit, il fait 10 mètres de haut.

Il n'a marqué qu'un seul but en sélection, en 1986 contre la Hongrie à la Coupe du monde. Un pied de nez. Il fallait que dans sa carrière internationale il marque un but, ce sacré Jeannot !

Luis Fernandez, lui, est un chien fou. Il possède un sens du jeu et de l'anticipation extraordinaire. Si je lui ai permis de marquer des buts en sélection, c'est parce qu'il a su venir, en profiter, sentir le coup. Il a un flair incroyable ! J'adorais faire des passes et ma plus belle, elle est pour Luis au Mexique lors du Mondial 1986 contre l'URSS, ce petit ballon lobé au-dessus de la défense soviétique. Pareil contre la Belgique. Il marque sur un service de ma part parce qu'il sait monter au bon moment. Il est opportuniste, il a une telle capacité d'analyse ! Je pense qu'il a un logiciel de jeu greffé dans le cerveau ! Et de la malice, dont il faisait bonne usage.

Bernard Genghini est le manieur de ballon, le pied gauche subtil. Ces gauchers possèdent une adresse inouïe ! Ils sont unijambistes ! Un ballon de Bernard n'est jamais un ballon perdu. Il n'allait pas vite mais son sens du déplacement lui permettait de faire la différence. Avec Monaco, il adorait rencontrer Bordeaux.

— Contre vous, je marque toujours, me disait-il.

La fois où l'on a perdu 9-0 en Principauté, Bernard a inscrit quatre buts ! Il n'a peut-être pas connu la même exposition médiatique que Michel, Luis, Jean ou moi. Sans doute parce qu'en 1984, nous devenons champions d'Europe et que le titre donne plus de lumière alors qu'il est devenu remplaçant, victime de l'émergence de Luis. Il y a aussi la personnalité de Luis d'un côté et celle de Bernard de l'autre. L'un est le feu, l'autre, la glace.

Michel Platini, je ne vais pas vous surprendre, est un génie. J'ai une admiration sans limites pour lui, pour le joueur comme le leader. Sur le terrain, tout le monde se demandait comment il faisait pour anticiper. Regardez le ballon qu'il donne à Battiston en demi-finale de la Coupe du monde 1982. Harald Schumacher est « obligé » d'aller à la faute ! Évidemment, je ne justifie pas l'agression du gardien allemand. Je dis simplement qu'il n'a presque pas d'autre solution pour stopper Patrick tellement il est lancé parfaitement dans l'espace par la passe de Michel. On en rit encore aujourd'hui, Patrick Battiston et moi :

— T'aurais pu la mettre au fond quand même ! Quitte à te faire taper, mets-la au fond mon Patrick !

Dans l'histoire, il perd quand même deux dents et se fissure les vertèbres. On en rigole aujourd'hui mais sur le moment, c'était terrible. Michel avait également une capacité inépuisable à mettre des buts improbables. Neuf pendant l'Euro 1984. C'est impensable. Michel est un extraterrestre ! On est dans une dimension suprême, on touche au sublime. Je ne sais pas ce qui peut exister au-dessus de Michel. Il s'agit sans conteste du plus grand joueur avec lequel j'ai joué.

C'est un génie, récompensé par trois Ballons d'or *France Football*. Cela est gravé dans le marbre, personne ne pourra jamais lui contester cette supériorité. Il y a également un autre Michel Platini, le passionné, le défenseur du football. Michel est un homme plein de convictions, de détermination et d'engagement. Quand il s'est présenté à la présidence de l'UEFA en 2007, il m'a dit :

— Mais qui va défendre notre football ?

Il veut que le rectangle vert reste le rectangle vert. Son raisonnement colle parfaitement à celui des amoureux du football, à leurs attentes, à ma vision propre du jeu. C'est un homme qui veut préserver le jeu, les joueurs et le plaisir que nous, spectateurs, nous en retirons. Il est le garant du jeu, du respect et de l'ambiance. Le monde du football devrait écouter Michel Platini davantage parce que ce qu'il défend, ce n'est pas le football d'antan mais de demain. Sa vision est novatrice : garder la pureté du football, c'est le débarrasser de tout ce qui le menace. Il a mis en place le fair-play financier, qui lutte contre ces clubs qui dépensent plus qu'ils ne gagnent d'argent. Un premier pas, une protection pour éviter d'arriver à une Super Ligue européenne fermée où le résultat sportif ne conditionnera plus la notion de compétition. Platini nous protège d'une américanisation du football. Je me suis parfois dit qu'il exagérait, comme lorsqu'il a manifesté son refus de l'arbitrage par assistance vidéo (VAR). À l'arrivée, c'est encore lui qui avait raison. Il y avait un problème, on en a créé un nouveau. L'arbitrage est encore plus cacophonique qu'avant, un véritable pataquès ! Chez lui, le fond reste le même. Il n'a jamais été à la recherche de la gloire. Il aurait pu changer avec les titres, l'argent, la notoriété… mais non. Il est un leader, un capitaine. Il est le phare dans la nuit. Il m'a appris à aller à l'essentiel, à préserver l'essentiel puis à tracer ma route. Si ça ne plaît pas, tant pis, ce n'est pas grave. Le plus important est de ne pas avancer seul. Michel peut se révéler très sévère, notamment avec celui qui n'a pas la même droiture que lui. Il est très lucide sur l'attitude sincère ou pas de son entourage. Il connaît très bien les courtisans, il sait les déceler. Je le sais parfaitement honnête. Il est la victime d'une bataille politique, de fuites organisées pour lui nuire et l'obliger à quitter les instances. Il faisait peur parce qu'il pouvait encore gagner d'autres élections, notamment celle de président de la FIFA, le plus haut poste de dirigeant au monde dans le football. On a voulu l'abattre ! Il a traversé des moments difficiles. Nous, nous étions là. Ça vaut ce que ça vaut, mais jamais nous ne nous serions détournés de lui. Nous avons fait corps autour de lui. Ce n'est pas grand-chose mais nous lui avons apporté ce soutien moral nécessaire. J'aimerais que son honneur soit rétabli. J'aimerais surtout qu'il continue de préserver le football de tout ce qui le menace, comme les dérives financières, et qu'il le fasse grandir. Je le verrais bien président de la FIFA. Il faut absolument qu'il conserve une influence sur le football.

Dans le carré magique, enfin, il y a moi. Je suis dans mon registre offensif. À la création, à la prise de balle, à l'apport sur le plan offensif. Je dois me situer à l'intérieur du milieu mais aussi en fonction du déplacement des attaquants. Je me dois de bien combiner avec les positions de Michel Platini pour garder un équilibre de répartition des postes et des pôles sur le terrain. Luis et Jeannot étaient toujours en train de se chercher, de se taquiner. Luis l'appelait « le facteur de Bamako » parce qu'il était né là-bas. Toutes les cinq minutes, ils se chambraient ! Et ils avaient de la réserve ces deux-là ! Ils m'ont fait mourir de rire avec leurs joutes verbales ! Luis est un généreux ; Jean, un rebelle, contre le monde entier. Aucun n'a réalisé un parcours linéaire. Jean n'a pas été conservé à Monaco ni à Marseille. Luis a commencé tard. Michel a été refusé au centre de formation de Metz. Le parcours le moins accidenté, c'est le mien. J'ai été international Junior, pas les autres. Avec Michel, je ne me chamaillais pas. Il y avait beaucoup de respect et d'amitié entre nous deux. Michel dit qu'un ami, quand on le retrouve après une période où on ne l'a pas beaucoup vu, cela doit être comme au premier jour. Avec lui comme avec les autres, tout se passe toujours comme au premier jour.

Le carré magique, tous les spécialistes, tous les esthètes veulent le décortiquer. Je vais peut-être surprendre. Ce n'est pas qu'il n'y a rien à comprendre mais c'était facile de jouer avec eux. Au niveau auquel ces joueurs sont parvenus, ils rendent tout simple. Il est alors facile de recevoir le ballon, facile de le donner. Comme le but que je marque de la tête où tous les membres du carré magique ont touché le ballon. Nous avons atteint la dimension sportive la plus élevée. Le résultat, sur le pré, c'est du plaisir pur. Cela marche parce que chacun veut mettre l'autre dans les meilleures conditions, lui permettre de réaliser la bonne action. Nous avons bien sûr rencontré des difficultés dans des matchs mais nous avions de la facilité à évoluer ensemble. J'ai joué au football pour connaître cette plénitude et je l'ai connue même si je ne pensais pas au fond que l'on ne pourrait ni ne pouvait atteindre un tel niveau collectif. J'étais pleinement dans mon élément dans le carré magique : c'était limpide, sans obstacles. Un joli cocon. J'ai aimé vivre à l'intérieur. On y est bien, vous savez.

J'aimerais dire qu'il n'y a pas un carré magique supérieur à l'autre, entre celui des débuts avec Bernard puis le suivant, avec Luis. Luis Fernandez a importé sa différence. Il n'avait pas le même profil que Bernard Genghini. Il était accrocheur, remonteur de pendules, il furetait à l'intérieur du jeu. Bernard est plus posé, plus esthète. Il y a peu de différences à l'arrivée. Dans les deux cas, le carré s'exprime, n'a rien de bancal. Il a sa cohérence dans sa première forme comme sa seconde. Il s'agit juste de légères modifications dans l'aspect mais pas dans ses fondements. Ce n'est que maintenant que je savoure, en fait, que me viennent toutes ces pensées agréables. J'aurais voulu prendre conscience de toute cette beauté plus tôt mais en fait, on ne peut pas faire les deux. On ne peut pas jouer et se regarder jouer. On ne peut prendre un plaisir infini et savoir l'analyser sur l'instant. Je n'aurais pas duré autant si je m'étais regardé en train d'apprécier.

En 1987, à 35 ans, j'ai encore été élu meilleur joueur de l'année en France. J'ai tenu, entre autres parce que j'avais une exigence. Cette exigence m'a permis de repousser mes limites. Tout au long de mon parcours, j'ai eu l'impression de courir après quelque chose que j'espérais atteindre. Au final, je ne l'ai pas atteint et quand j'ai réalisé ça, je me suis dit : « Mais tu n'as pas atteint quoi, au juste ? » J'avais un objectif invisible et je voulais l'attraper. Et quand je me demande ce que c'était, eh bien, je ne sais pas ! Jamais je ne me suis contenté de ce que j'avais. J'ai toujours couru après autre chose, le prochain match, la prochaine passe, le prochain but, une nouvelle compétition. C'est ce qui rend une carrière belle, je trouve.

On ne peut pas dire que l'on ne reverra plus cette quintessence du football dans le jeu. Le FC Barcelone des années 2010 se résume principalement à Sergio Busquets, Xavi, Andrés Iniesta et Lionel Messi. C'est un carré magique ! Busquets, c'est Fernandez ; Xavi, Tigana ; Iniesta, c'est moi et Messi, c'est Platini. Le carré magique est transposable. Mais dans la formation en France il semble que l'on soit parti sur d'autres profils de joueurs. La preuve : il n'y a plus de numéro 10 en France tel qu'on le conçoit sur le modèle que nous avons incarné. Voilà tout le talent de Didier Deschamps qui a réussi à monter une équipe performante, et Dieu sait si elle l'est – championne du monde en 2018 ! –, en s'adaptant aux caractéristiques des joueurs, à sa disposition. C'est un art et Didier a réussi quelque chose de grand.

Depuis Zinédine Zidane et Johan Micoud au milieu des années 2000, le numéro 10 a un peu disparu en équipe de France. Il n'existe pas ou plus un joueur pour porter la responsabilité de ce numéro. Il faut savoir prendre le ballon, jouer court, jouer long, plonger dans le dos de la défense, marquer des buts, imprimer le tempo du match. Je suis persuadé que le football est dans la recherche d'un autre type de joueur. On considère que le numéro 10 ne court pas assez. Or on ne lui demande pas de courir mais d'être efficace. Lionel Messi, le plus grand joueur du monde, reste un numéro 10. Michel Platini a été numéro 10 en terminant trois fois meilleur buteur du championnat italien. Diego Maradona marquait aussi des buts ! Platini était capable de filer un ballon à 30 ou

40 mètres. Ces profils-là n'existent plus. Désormais, le football cherche des joueurs au jeu plus direct, plus rapide, prenant la profondeur.

Autre idée reçue : le placement et le replacement. Avec l'équipe de France, je me replaçais, je me repositionnais. Je ne mégotais pas sur les efforts, affichant un gros volume de jeu, selon l'expression consacrée. J'étais toujours actif. Plus avec l'équipe de France qu'à Bordeaux. Jean aussi était très actif. Luis aussi. Michel, moins, parce qu'il restait dans une approche offensive. L'idée d'un carré magique, si on a des joueurs avec une base technique élevée, reste possible. Mais on prend d'autres options et je le regrette. Depuis quelques années, on ne parle que de la sentinelle dans le football, ce joueur posté devant la défense pour effectuer la première relance, à l'élaboration du jeu. C'est le dogme en vigueur ! En équipe de France, on pourrait dire que la sentinelle, c'était Luis combiné à Jean. La mode est donc aux sentinelles mais dans la relance, quel déchet technique !

Je n'aime pas associer le mot « romantisme » à l'évocation du carré magique. J'ai peur que l'on se trompe sur la finalité. C'était du jeu pour se montrer efficace, performant. Ce n'est pas pour amuser la galerie mais pour gagner un match.

Trop souvent, j'entends que le beau jeu « est un peu trop poétique ». Ah bon, il faut casser la jambe d'un adversaire pour montrer que l'on veut gagner ? J'évoquais le côté combatif des techniciens. Vouloir s'imposer par la création, par la technicité réclame autant de détermination que les équipes qui fondent leur domination sur l'impact, le duel, la masse athlétique ! Lionel Messi, il n'est pas déterminé ? Je fais partie des techniciens. Ma principale préoccupation avant un match, et même après, c'était de me sentir physiquement à l'échauffement, de sentir si mon corps répondait. Être bien physiquement, c'était le gage d'entreprendre de bonnes actions, d'avoir une technique en mouvement qui correspondait aux attentes formulées par mon entraîneur ou mes partenaires. Les lendemains des rencontres, j'analysais l'état de mon corps pour savoir si je pouvais enchaîner au niveau souhaité. J'avais besoin de conserver cette fraîcheur physique et mentale.

Ainsi, je n'oppose pas le beau jeu à la volonté de gagner. Le beau jeu coule dans mes veines, si je puis dire. Mon expression se sera toujours exercée dans la créativité. Mon lob en finale de la Coupe de France 1986 n'est pas un geste poétique mais efficace. C'était LA solution que réclamait le jeu, je n'en voyais pas d'autres sur le moment.

En mars 2019, je regardais Barcelone-Lyon (5-0), huitièmes de finale de la Ligue des champions, avec un entraîneur français. Il me fait l'éloge d'un milieu récupérateur de l'OL.

— Il est puissant, me dit-il, les yeux pleins d'étincelles.

Je lui demande :

— Et Messi, tu le mets dans quelle catégorie ? Parce que tu mets en avant la puissance mais il y a quand même un élément important, c'est le ballon, non ?

Cet entraîneur, le jour où il a un technicien dans son effectif, il n'arrivera pas à savoir l'utiliser. On pourra me rétorquer :

— Quand tu es entraîneur ou sélectionneur, tu ne mets pas tes convictions en application !

Mais je ne peux pas si je n'ai pas les joueurs dotés des caractéristiques qui se prêtent à la philosophie que j'aime. Ce n'est pas me dédouaner de raisonner ainsi. Si on me donne aujourd'hui l'équipe de France à diriger, je ne pourrai jamais installer le carré magique ! Mais ce n'est pas parce que je ne le veux pas. C'est une question de profil. Et j'en reviens à la réussite totale de Didier Deschamps, qui a tiré le meilleur des vingt-trois joueurs qu'il a sélectionnés.

Tiens, en parlant de Coupe du monde… Nous y revoilà.

# 6

## Clap de fin

En 1986, nous étions parmi les favoris de la Coupe du monde. Notre jeu s'était affirmé grâce à la victoire lors de l'Euro 1984. Nous étions désormais une puissance qui compte dans le concert mondial. Aux Girondins, nous sommes allés jusqu'en demi-finale de la Coupe d'Europe des clubs champions, l'ancêtre de la Ligue des champions. En équipe de France et en clubs, nous avions des joueurs solides et en vue sur le plan européen.

En sélection, nous avions plus de certitudes sur notre jeu et nous abordions ainsi le Mondial 1986 de manière différente. Je parle là d'état d'esprit. L'idée d'aller en finale, de commencer le tournoi pour le gagner, ne nous faisait pas peur. Ce n'était pas de l'arrogance, de la suffisance ou un manque d'humilité. C'était une ambition et elle ne sortait pas de nulle part. Les Bleus possédaient une ossature que d'autres équipes enviaient, notamment le carré magique. C'était presque la même équipe qu'en 1984, en fait. À nous de transposer au niveau mondial ce que nous avions réussi au niveau européen. Nous avions tout simplement un statut nouveau : nous étions champions d'Europe en titre et nous l'assumions. Nous entamions la compétition pour aller au bout : devenir champions du monde. Cette foi nous animait et moi, elle me rendait fou de joie. J'en rêvais, jour et nuit, comme si j'étais dans mon garage de Langoiran en train de taper dans un ballon en pensant à Raymond Kopa, mon héros de Reims, l'un des magiciens tricolores de la Coupe du monde 1958.

J'en rêvais mais j'avais un problème – puis bientôt deux. D'abord, en mars 1986, je me suis fait démonter la jambe à Bastia avec Bordeaux sur un tacle, l'un de ses fameux tacles dont j'étais souvent la cible en championnat. Les joueurs offensifs sont ceux sur qui les adversaires commettent le plus de fautes d'antijeu, pour les arrêter, pour leur prendre le ballon, parce que nous les « attaquants » avons cette capacité à nous démarquer et à échapper à nos gardes du corps.

Concernant ma blessure, les radios passées ne donnaient rien. L'IRM, à l'époque, n'existait pas.

J'ai arrêté et au bout de deux semaines, un cal est apparu sur le péroné lors d'une nouvelle radio. Le docteur m'a alors appris que le péroné avait été fracturé. Je parvenais à marcher parce qu'il ne s'agit pas d'un os porteur. Je marchais mais j'avais quand même assez mal, beaucoup de douleurs parce que les chairs frottaient le cal.

Quand l'os s'est consolidé, j'ai pu enfin reprendre l'entraînement. Je m'étais blessé le 11 mars et je n'ai pu rejouer que le 22 avril à l'occasion de la Coupe de France. En 1986, elle se disputait encore selon la formule des matchs aller-retour. C'était contre le PSG. La première manche (1-1), je n'ai donc pas été en mesure d'être aligné. J'étais présent au retour et nous avons gagné (2-1), ce qui nous permettait de disputer la finale de la Coupe de France au Parc des Princes, contre Marseille, celle où j'ai réussi mon fameux lob victorieux. Peu le savent : je portais alors une protection en résine. J'ai marqué ce but dont tout le monde me parle encore avec une protection en résine ! Elle était efficace puisqu'elle n'a pas empêché mon instinct de technicien d'accomplir le seul geste qui s'imposait alors devant le gardien, Joseph-Antoine Bell.

À Font-Romeu, en équipe de France, nous voilà en pleine oxygénation. Je marchais, je décompressais. C'était la phase remobilisation. J'ai été soigné aux ultrasons et, bonne nouvelle la douleur a totalement disparu. Nous sommes partis pour le Mexique, où se tenait ce Mondial. Et là, nouvelle contrariété.

Il ne s'agissait pas des matchs de préparation contre le Honduras ou le Costa Rica. Aucun ne nous a posé problème, même si ces rencontres ne restaient pas dans les mémoires. Le souci était ailleurs. Il venait de l'altitude. Chacun s'adaptait plus ou moins bien. Moi, cela n'allait pas. Entre mon déficit physique dû à l'arrêt causé par la blessure et le manque d'oxygène à 2 400 mètres d'altitude, je ne me sentais pas bien. C'est très dur de respirer à ces hauteurs-là. Mais bon, je faisais contre mauvaise fortune bon cœur et me voilà lancé dans ce premier tour qui nous oppose au Canada, à l'URSS – un véritable épouvantail – et à la Hongrie.

Contre le Canada, Jean-Pierre Papin a marqué le seul but de la partie. Il avait rejoint l'équipe de France quelques mois plus tôt, en mars. Nous avons vu alors débarquer ce joueur de tempérament, à l'état d'esprit remarquable, humble et plein de bienveillance. Il venait de se révéler au haut niveau mais n'était pas encore le JPP qui le conduirait au Ballon d'or *France Football* cinq ans plus tard.

S'il avait eu deux ans de haut niveau en plus, il aurait mis trois ou quatre buts de plus ce jour-là contre les Canadiens. L'Union soviétique arrivait ensuite, elle qui venait d'en passer six à la Hongrie ! L'heure était à la mobilisation générale. Notre sélectionneur avait changé. Michel Hidalgo, après son brillant Euro 1984, s'était retiré et depuis deux ans, nous étions dirigés par Henri Michel, jusque-là son adjoint. Il y avait deux différences de taille.

La première, c'est que les plus anciens du groupe, comme Didier Six, Patrick Battiston ou moi avec mes 34 ans d'alors, avions été ses partenaires en équipe de France. Il est toujours étrange d'être entraîné, coaché, cornaqué par quelqu'un avec qui vous avez joué quelques années plus tôt. Je n'avais que cinq ans d'écart avec Henri. Nous, les plus anciens, le tutoyions. Nous ne l'appelions pas « monsieur » ou « coach » mais « Henri », tout simplement. Il nous a malheureusement quittés en 2018.

La seconde différence tenait à son caractère. C'était un homme plus direct que Michel Hidalgo. Son discours différait, il était moins dans l'empathie. Certains se souviennent de la carrière d'Henri Michel : c'était un joueur de tempérament ! L'homme était le même. En revanche, du point de vue du jeu, il est resté dans les pas de Michel Hidalgo, avec les mêmes idées directrices.

D'abord, il n'a pas touché à la charpente de l'équipe. Ensuite, il nous demandait d'exploiter nos caractéristiques, à savoir une philosophie fondée sur la technique et la possession. Nous, on parlait à ce moment-là de « tenir le ballon », c'est-à-dire le garder pour éviter de courir après. C'était d'autant plus utile que nous savions que nous ne pouvions pas lutter contre les capacités athlétiques des Soviétiques, des gaillards puissants qui parcouraient des kilomètres.

Henri Michel avait son style propre et il aimait que la causerie d'avant-match, généralement réservée à la prise de parole de l'entraîneur, soit participative. Alors Michel Platini s'est levé, en capitaine responsable, s'est approché du tableau noir, là où l'équipe adverse est positionnée dans son schéma tactique. Michel a pointé les hommes forts de l'URSS, détaillé les points forts de chacun. Il les avait étudiés, il les connaissait par cœur. Son complément d'informations nous était précieux, nous éveillait l'esprit et renforçait notre concentration.

Neuf joueurs du Onze russe évoluaient au Dynamo de Kiev, qui venait de remporter la finale de la Coupe des coupes contre l'Atlético de Madrid à Lyon en mai 1986. Les conseils de

Michel nous ont été très utiles, je m'en souviens parfaitement. Notre égalisation est survenue d'une passe lobée de ma part pour Luis Fernandez dont le contrôle dans la surface de réparation était sublime. Cette ouverture dans le dos de la défense, c'était une préconisation de Platini. Mon instinct a fait la suite. Nous avons surmonté l'obstacle URSS avec ce nul équitable (1-1).

Face à la Hongrie, lors du match suivant, nous tremblions moins. Une victoire (3-1) sans difficultés. Nous sommes donc sortis de la poule du premier tour avec le sentiment du devoir accompli. Place aux matchs à élimination directe !

Le premier nous opposait à l'Italie ! Michel Platini était évidemment plus concerné que les autres. Son père, Aldo, était italien. Lui évoluait alors à la Juventus Turin, maniant parfaitement la langue italienne. Michel nous avait réunis dans notre camp de base : « Les gars, je veux tout sauf perdre contre l'Italie ! Après le Mondial, je vais repartir là-bas et qu'est-ce que je ne vais pas entendre si on perd ! Pas de blague les gars ! »

Nous avons quitté Leon, où nous avions disputé nos trois premières rencontres. Nous avons débarqué à Mexico, au stade olympique. Nous reconnaissions le terrain. J'étais dans mes petits souliers. J'avais le sentiment d'entrer dans le temple du sport, un temple qui ne résonne pas football. C'était ici que Bob Beamon avait écrit la légende avec son record du monde de saut en longueur à 8,90 mètres en 1968 ! Fosbury, qui avait inventé une nouvelle technique de saut en hauteur, c'était ici aussi ! Et les Black Panthers ! Ces jeux Olympiques de 1968 sont entrés dans l'histoire du sport et de la politique. Il y a eu aussi la course de Colette Besson, remportant la médaille d'or du 400 mètres sur la piste ! Je la connaissais un peu. Elle habitait alors Bordeaux et elle passait souvent dans mon village. Elle venait de Royan et exerçait le métier de prof d'EPS dans un collège proche de chez moi.

Ce stade mythique ne nous écrasait pas. Nous avons gagné (2-0) sans problème, au terme d'un match maîtrisé. Michel Platini était aux anges mais restait concentré car venait le quart de finale et un quart contre le Brésil, oui, le Brésil ! Je l'ai toujours dit à mes copains :

— Disputer un Mondial sans affronter le Brésil, ce n'est pas vraiment une Coupe du monde.

C'était le pays qui en détenait trois à ce moment-là (1958, 1962 et 1970). Inconsciemment, il y avait peut-être également en moi le souvenir de 1958, la demi-finale du Mondial entre Raymond Kopa, mon idole, Just Fontaine, et de l'autre côté, Pelé, pour son premier titre de champion du monde. Pourtant, je n'avais que 6 ans en 1958.

Nous sommes partis pour Guadalajara, conscients qu'une montagne à gravir nous attendait. Guadalajara m'évoquait le titre de champion du monde des Brésiliens en 1970. Là, j'avais 18 ans et je m'en souvenais bien. En 1970, le Brésil a disputé tous ses matchs au stade Jalisco de Guadalajara avant d'être sacré à Mexico contre l'Italie. Nous nous sommes d'ailleurs installés à Chapala, là où résidait l'équipe brésilienne en 1970. Il y avait quelques clins d'œil du passé, comme ça ! Ce lieu était chargé d'histoire. La montagne face à nous ne nous pas faisait pas perdre nos moyens. Notre ambition demeurait intacte.

Henri Michel a livré une causerie d'avant-match fondée sur l'émotion. Dans un salon de notre hôtel, nous étions assis en tenue décontractée. Henri avait la voix qui tremblait. Il nous a parlé de la Coupe du monde, de ce qu'elle représentait dans la vie d'un footballeur, ce moment unique dans une carrière. Il parlait de la grandeur d'un match France-Brésil, le match d'une vie, la partie que tous les footballeurs français rêvent de jouer une fois dans leur existence.

Il insistait : il n'y avait pas eu de France-Brésil en Coupe du monde depuis vingt-huit ans ! Autant dire que pour nous, pour l'immense majorité, disputer un Mondial et rencontrer le Brésil avait le goût de la rareté, de l'inédit et sans doute un caractère définitif. Une première mais sans doute également une dernière.

Henri Michel était lyrique, puissant et son émotion nous a touchés. Nous la partagions. Henri venait de nous donner les clés pour nous hisser à la hauteur de l'événement et la suite allait prouver qu'il avait réussi son coup.

Nous jouions clairement à l'extérieur. Il y avait à peine 5 % de Français dans le stade Jalisco, quelques Mexicains et une marée de supporters brésiliens. La partie fut à la hauteur de ce que les amoureux du football peuvent espérer d'un quart de finale de Coupe du monde, d'une rencontre mythique à conserver au fond de ses souvenirs tout simplement, pas loin du cœur. C'était un vrai match, avec deux équipes tournées vers le jeu et celui-ci s'est révélé d'une qualité incroyable.

C'était un match fantastique, un chef-d'œuvre entre deux équipes sublimes, qui se sont lâchées et possédaient chacune des techniciens de très haut niveau. Vous pouvez encore le regarder aujourd'hui, il n'a pas vieilli et demeure un spectacle collectif, du football total ! Le Brésil est parti sur les chapeaux de roues, vingt minutes symphoniques pendant lesquelles nous avons eu un mal fou à reprendre notre souffle. Nous étions sous l'eau, en manque d'oxygène, et ce n'était pas que la faute de l'altitude. Careca avait ouvert la marque et quel but, consécutif à un enchaînement collectif absolument merveilleux, conduit à 2000 à l'heure ! La Seleção avait une sacrée équipe avec Socrates, Elzo, Edinho, Branco, Müller. Il s'agissait vraiment d'un Brésil de haute volée, une équipe fantastique et admirable à regarder. Mais nous n'étions pas là pour la regarder.

Nous étions sonnés mais absolument pas K.-O. Michel Platini devait d'ailleurs égaliser. Un 21 juin, le jour de son anniversaire, ses 31 ans ! Michel était donc aussi l'homme qui tombe à pic, confirmant qu'il savait tout faire. Les forces se sont équilibrées ensuite mais la partie est restée sur ses standards de haut niveau. Nous avons eu plusieurs occasions en seconde période, dont une énorme avec Bruno Bellone qui a été plaqué par le gardien dans la surface de réparation sans que l'arbitre siffle le penalty.

Après la pause, notre gardien Joël Bats a détourné un penalty de Zico. À dix-sept minutes de la fin du temps réglementaire, il nous aurait été difficile de revenir une nouvelle fois au score. Nous étions heureux pour lui. Diminué par une blessure, Joël n'a pas traversé ce Mondial comme il l'aurait aimé. Il ne se sentait pas totalement libéré mais on est restés à son contact alors que les gardiens et les joueurs de champ sont souvent chacun dans son monde.

Là, nous le rassurions, nous passions du temps avec lui, nous étions attentifs à son évolution. Et dans ce quart de finale, il nous a sorti le grand jeu, il a livré une très grande performance. Il était tout simplement géant ! Comme en 1982, nous voilà repartis pour une séance de tirs au but, après une prolongation sans but cette fois-ci. Je suis sorti à six minutes de la fin du temps réglementaire. Je ne suis pas concerné par cette séance qui allait décider de la suite de notre tournoi. Demi-finale du Mondial ou retour à la maison. En Coupe du monde, les équipes avancent sur un fil de funambule : devant, la vie ; en dessous, le gouffre. C'est le vertige du football.

Henri Michel a donné sa liste de tireurs. Yannick Stopyra. Il a réussi. Manuel Amoros. Réussi. Bruno Bellone. Réussi. Nous menions 3-2 dans cette séance. Mais Michel Platini a raté le sien. Pas grave, Joël a repoussé ensuite celui de Socrates. Julio Cesar s'est manqué à son tour. C'était à Luis de conclure.

Lui, il était capable de se révéler totalement froid dans un moment pareil. Il l'a mis ! Déflagration de bonheur. J'ai bondi du banc de touche et je courais n'importe où, comme d'habitude. Dans le vestiaire, nous étions torse nu quand nous avons entamé des chants brésiliens sur des rythmes de samba.

Dans la folie de la qualification, nous avions oublié d'échanger nos maillots avec nos adversaires, comme le veut la coutume. Avec Manuel Amoros, je suis allé à frapper à la porte du vestiaire brésilien. Des intendants nous ont ouvert et laissés entrer. J'ai vu Julio Cesar les mains sur le lavabo, effondré. Je n'en reconnaissais pas certains, mains sur le visage, totalement abattus, la tête en arrière ou penchée sur leurs crampons. D'autres pleuraient, de chaudes larmes qui les défiguraient. Je me suis alors demandé s'il n'y avait pas un peu d'impudeur à venir constater ce spectacle de désolation. Nous n'étions pas à notre place.

D'autres sélections ne nous auraient même pas ouvert la porte et nous auraient intimé l'ordre de foutre le camp par un « Dégagez ! » que j'aurais compris. Je n'ai pas le souvenir qu'une équipe adverse soit entrée dans notre vestiaire, surtout un jour de défaite. Les Brésiliens, eux, nous ouvraient leur temple, ce lieu sanctuarisé. Le moment était exceptionnel, rare, extrêmement fort et puissant. C'étaient nous, les Bleus, les responsables de ce tableau de lamentation. L'instant m'a refroidi en fait. « C'est aussi cela, le football », me suis-je dit. C'est la loi du sport, un vainqueur, un vaincu, aucune attitude malsaine de part et d'autre, juste un bel exemple de sportivité. J'ai récupéré le maillot de Julio Cesar mais je n'oublierai jamais cette scène, à la fois la tristesse du vaincu, là, sous mes yeux, prégnante, concrète, immense, et le fair-play d'une équipe battue qui ouvrait ses portes dans un geste de générosité absolue.

En 1982, il existait trop d'animosité entre la France et l'Allemagne pour qu'une telle scène se produise. D'ailleurs, dans le tunnel de Séville, nos remplaçants, frustrés et en colère contre la tournure qu'avaient prise les événements, notamment les fautes à répétition non sifflées par l'arbitre, ont voulu se battre avec les Allemands après le match. La relation entre la France et le Brésil était sensiblement différente. Voilà deux peuples amis, historiquement. Et le respect était partagé. Pendant la Coupe du monde, les médias du monde entier nous surnommaient d'ailleurs « les Brésiliens d'Europe ». Notre victoire pendant l'Euro 1984 a frappé les esprits, le carré magique a fait le tour du monde. Quand nous sommes entrés sur le terrain du stade Jalisco, les Brésiliens ne nous ont pas toisés. Ils étaient l'un des favoris à la victoire finale, mais nous aussi.

La fête dans notre vestiaire n'a pas traîné. Elle fut succincte. Comme nous venions de jouer à midi heure locale, nous sommes rentrés à Chapala pour déjeuner. Il était 16 heures ! Notre cuisinier s'était donné une peine infinie : réaliser un gâteau pour l'anniversaire de Michel Platini. Et comme nous étions qualifiés, nous nous délections à l'avance de cette délicieuse gourmandise. Après plus de deux heures et demie de match, nous l'avions bien mérité, non ? Mais c'était oublier que je partageais cette Coupe du monde avec deux ou trois phénomènes, des gamins intenables ! Quand le gâteau a été servi, Luis Fernandez l'a pris pour l'écraser sur Jean Tigana ! Le cuisinier s'est mis à crier :

— Mon gâteau ! Mon gâteau !

Il était vert de rage mais nous, nous sommes partis dans un fou rire, nous savourions. La victoire était là, nous évacuions toute la tension du match. Il y aurait bientôt une demi-finale de Coupe du monde au menu. Quatre jours après seulement. Nous n'avions pas le temps de profiter. La demi-finale ? Un certain France-Allemagne. Comme en 1982.

Les suiveurs (supporters et journalistes) de l'équipe de France nous ont demandé de vivre ce match comme une revanche. Ce n'était pas du tout notre état d'esprit ni notre humeur. Et puis nous avions d'autres soucis. Le Brésil avait laissé des séquelles. Une prolongation, cent vingt minutes de jeu, des tirs au but, plusieurs pics émotionnels, un terrain boueux à cause de la pluie… Nous n'avions plus rien dans les chaussettes ni dans la tête. Aucune fraîcheur physique, aucune fraîcheur mentale.

En 1982, s'il y avait eu un autre arbitre, nous aurions atteint la finale parce que nous étions à la hauteur de l'événement et au-dessus des Allemands. En 1986, le décor avait changé, il nous a manqué un petit truc en plus en demi-finale. Nous avons mal joué, nous n'y étions pas. Cette demi-finale-là, je peux d'ailleurs plus facilement la revoir que celle de 1982. Et j'aimerais davantage la rejouer que la première. Parce que j'ai encore un goût d'inachevé alors que je ne peux pas changer grand-chose pour 1982 – excepté l'arbitre, encore une fois.

Après cette demi-finale perdue, j'ai senti que la fin de l'histoire approchait. J'en étais même certain. Le lendemain de ce France-Allemagne, j'ai demandé une entrevue à Henri Michel. Je lui ai annoncé que je prenais ma retraite internationale. Maxime Bossis et Dominique Rocheteau m'ont emboîté le pas. J'y pensais depuis un moment. Je m'étais fixé cette Coupe du monde comme horizon. Il faut savoir s'arrêter et pour moi, c'était le moment.

J'aurais été champion du monde, c'était pareil. J'ai préféré arrêter, partir et être regretté plutôt que quelqu'un vienne me trouver pour me demander de prendre ma retraite internationale. Certains journalistes ont écrit : « Il ne joue plus en équipe nationale, ce n'est pas normal ! » Je suis désolé : sur le plan athlétique, je ne pouvais plus cumuler les matchs en club et les sorties avec l'équipe de France. Je n'aime pas tricher, ce que je n'ai jamais fait. Le haut niveau demande une exigence quotidienne. J'avais 34 ans à la fin de la Coupe du monde 1986, je ne pouvais plus donner autant qu'avant, tout simplement. La raison devait l'emporter. Henri Michel m'a compris instantanément, la discussion a été brève. Il n'a pas essayé de me convaincre de revenir sur ma décision. Continuer pour quoi ? Disputer l'Euro 1988 à 36 ans ? Il fallait être sérieux. À quoi bon continuer encore trois mois si je savais que deux ans plus tard, je ne pourrais pas aider l'équipe de France ? J'ai informé Michel Platini et mes coéquipiers : tous me comprenaient.

Allemagne de l'Ouest-France (2-0), 25 juin 1986, quarante-septième et dernière sélection pour moi. Six buts inscrits sous le maillot national. Je ne connais pas mon nombre de passes décisives mais il existe des montages de toutes mes actions importantes sur YouTube. Je les regarde de temps à autre. Cela me fait du bien.

Pour le match de la troisième place, le 28 juin contre la Belgique, que nous allons remporter (4-2), Henri Michel a décidé d'aligner ceux qui n'ont pas disputé une seule minute dans ce Mondial. J'étais donc assis en tribunes, avec ma famille. Mais il fallait quand même que je me rende sur le terrain à la fin du match pour recevoir ma médaille de troisième de la Coupe du monde. Là, la sécurité mexicaine m'a empêché de rejoindre l'équipe de France ! J'avais toutes les accréditations nécessaires mais il n'y avait rien à faire, la police ne voulait pas me laisser passer et ce, sans aucune raison.

Des journalistes ont écrit hâtivement : « Alain Giresse termine mal sa carrière internationale. Il n'a même pas participé à la remise de la médaille pour la troisième place. » Je n'ai pas pu accéder au podium, bon sang ! J'étais le seul dans ce cas.

L'amertume demeure. Pas pour cette remise de médaille mais pour l'ensemble de la Coupe du monde. Je n'ai pas réalisé un Mondial flamboyant. Michel Platini dit souvent que nous n'étions pas bons tous les deux pendant le tournoi. Lui avait sa tendinite. Moi, j'avais reçu ce coup sur le péroné, plus l'altitude. Les hauts-reliefs ne font pas partie de mon univers. Je suis un homme du littoral. Quand j'ai vu l'océan en revenant chez moi, j'étais comme un enfant sur une plage pour la première fois.

À l'arrivée, j'ai participé aux trois glorieuses de l'équipe de France : 1982, 1984, 1986. Un bel enchaînement. Peu d'équipes de France ont réussi à maintenir un niveau d'excellence sur trois compétitions internationales d'affilée. Je ne suis pas champion du monde mais je ne me plains pas. Ce n'est pas banal, ce que j'ai réalisé avec les Bleus. J'ai eu une vie hors du commun. Joueur de foot, c'est déjà hors du commun. Alors, ajoutez Bordeaux et l'équipe de France ! Je reste le meilleur buteur de l'histoire des Girondins. J'aime mon pays, je suis fier d'être français. Avoir aussi bien représenté la France avec l'équipe nationale me remplit de toutes les bonnes ondes de la vie. Je suis conscient de tout ce que le ballon rond m'a donné, apporté, de tout ce qu'il a construit en moi, en me remplissant de plusieurs doses de bonheur. Don Luis, l'un de mes anciens entraîneurs à Bordeaux, m'a raconté un jour sa visite à Alfredo Di Stéfano, la légende du Real Madrid des années 1950-1960. Dans son jardin trônait la statue d'une balle. Oui, une statue-ballon, avec cette mention inscrite en dessous : « Merci ma vieille. »

Je pourrais affirmer la même chose. Même si je devenais un jour champion du monde comme sélectionneur, pourrais-je vivre des émotions plus fortes, plus intenses que celles que j'ai connues en tant que joueur ? Didier Deschamps, qui a connu les deux moments, champion du monde comme joueur puis comme entraîneur, pourrait répondre. Mais fatalement, c'est moins fort. Vous êtes l'architecte de la construction d'une équipe : une satisfaction personnelle, mais cela ne peut pas atteindre ce que l'on ressent comme acteur, cette puissante adrénaline, ce bouchon de champagne qui saute quand, au cœur du jeu, vous gagnez des matchs après avoir sué pour les autres. Dix-huit années passées en première division, quarante-sept sélections internationales réparties sur douze ans, voilà un pan de ma vie colossal. Il est impossible que je retrouve une activité, un métier, qui me fasse vibrer aussi fortement.

La retraite internationale, c'est dur. J'ai continué à jouer au foot quand même. Pour le match de reprise en septembre des Bleus, je me suis mis devant ma télévision. Cela faisait longtemps que je n'avais plus vu un match de la France devant mon écran. Thierry Roland saluait à l'antenne les retraités. Il a cité mon nom, ça m'a fait drôle.

J'étais plein de regrets, la mélancolie m'envahissait. En fait, il était plus facile de me dire que je ne serais jamais champion du monde que d'admettre que tout était fini avec l'équipe de France. Je le vivais comme une souffrance. Je ne me sentais pas bien, perdu. Elle me manquait. Je regardais ce match des Bleus en zombie, les yeux dans le vide, les pensées ailleurs. Je n'ai jamais songé à revenir sur ma décision. Quand elle a été prise, elle a été prise. Évidemment, j'aurais adoré devenir champion du monde. Il y avait une chance de l'être, je ne suis pas passé loin.

En 1998, j'étais au Stade de France pour la finale de la Coupe du monde, le 12 juillet. J'étais là pour Aimé Jacquet, mon ancien entraîneur à Bordeaux, Philippe Bergeroo, son adjoint, que j'ai côtoyé en équipe de France, Roger Lemerre, son autre adjoint, que je connaissais bien également. Aimé a été attaqué avant le Mondial 1998 de manière totalement malhonnête. Cela m'est insupportable. Je savais très bien comment il travaillait. Cette consécration, il la méritait.

La France championne du monde, c'était impressionnant ! J'étais tellement heureux pour eux, pour le pays. J'étais heureux particulièrement pour tous ceux que j'ai croisés, comme

Zinédine Zidane à Bordeaux, Fabien Barthez, de la région toulousaine, Didier Deschamps, de Bayonne. Quelques mois avant la Coupe du monde 2018, j'ai rencontré Didier et il m'a raconté une anecdote géniale.

— Tu te souviens qu'une année, tu es venu remettre des coupes lors d'un tournoi à Montaigu en Vendée ? m'a-t-il demandé. Tu étais venu en hélicoptère. Il y avait l'équipe de France minime qui était là. Tu te souviens qu'un joueur t'a dit « Bonjour monsieur » ? Tu lui as répondu : « Dans le football, il n'y a pas de monsieur. » C'était moi ! J'avais 14 ans.

Quand, quelques mois plus tard, il est devenu à nouveau champion du monde, je lui ai envoyé un SMS : « Une année, je t'ai dit qu'il n'y avait pas de "monsieur" dans le football. Je me suis trompé. Tu en es un, de monsieur !!! » Il m'a appelé dans la foulée et on a bien rigolé. Il m'a glissé :

— Tu sais que je ne changerai pas.

Je sais que c'est vrai. Il m'a répondu de la même façon que moi je lui avais répondu. Je trouve ça beau. Je préfère me remémorer des belles choses. Parce qu'il n'y a pas que des bons souvenirs dans ma vie.

# 7

## Partir, revenir

Ce jour de juillet 1986, mon père a cru que j'étais mort. Comme tous les matins, il allait au village acheter *Sud-Ouest*. En une, il était écrit : « Bordeaux perd Giresse ». Beaucoup ont cru que j'étais décédé. Je venais simplement d'accepter de partir pour Marseille après dix-huit années passées aux Girondins de Bordeaux.

La situation s'était lentement dégradée. Pourtant, je n'avais pas prévu de quitter le club, *mon* club. Tout a commencé par une suite de malentendus avec mon président, Claude Bez. À partir de 1978, il a sorti les Girondins de l'anonymat dans lequel l'équipe traversait le plus souvent le championnat de France. Il a donné de l'ambition et des moyens pour permettre à Bordeaux de se développer et de réussir, avec des titres de champions de France, des Coupes de France, des participations régulières aux différentes Coupes d'Europe.

C'était quelqu'un d'entier, de particulièrement généreux. Les Girondins, c'est marine et blanc. Un gars qui arrivait dans un survêtement avec du marine, du blanc et un peu de rouge, il le renvoyait aussi sec. Je ne partageais pas toujours la même vision que lui, mais je ne cherchais pas à entrer en conflit.

La suite est arrivée de manière fortuite. Il s'agissait presque de désaccords involontaires. À la fin de la saison 1985-1986, j'ai participé par exemple à *Numéro 10, Platini*, une émission spéciale d'Antenne 2 consacrée à Michel. Sauf que Claude Bez, qui n'aimait pas le service public par conviction politique, était en guerre ouverte avec cette chaîne de télévision, ancêtre de France 2. Il m'a dit qu'il ne trouvait pas cela normal que j'aille me montrer sur un média qu'il méprisait. Moi, je l'avais fait sans arrière-pensées. Je ne me souvenais même pas qu'il était frontalement opposé à Antenne 2.

Une autre fois, Bordeaux avait affronté le PSG en demi-finale de la Coupe de France. Comme je vous l'ai raconté, un tacle à Bastia m'avait fracturé le péroné. Je me soignais. Le match aller, je n'avais pas pu pas le disputer, j'étais blessé. J'ai joué le retour, un mois et demi après ma blessure.

Dans l'intervalle, il est venu me voir et m'a reproché de me réserver pour la Coupe du monde, bref, de ne pas tout donner pour les Girondins. Comme si j'étais un tricheur ! J'étais heurté, sous le choc, je me suis demandé comment il pouvait imaginer cela de moi. M'en vouloir, à moi, pour un manque d'implication dans le club ? J'étais dégoûté.

Le président Bez était en fait très mal entouré, très mal conseillé, par une garde rapprochée jalouse, des minables aux valeurs inexistantes. Elle l'a poussé à ce genre de commentaires très désobligeants et faux. J'en ai pâti. Jean Tigana en a pâti. Nous sommes plusieurs à avoir subi la dégueulasserie de ces gens-là dont il convient de ne pas rapporter les noms. Je n'aimerais pas salir ces pages.

Par ailleurs, Bordeaux avait recruté la fameuse « relève » de l'équipe de France, ceux qui étaient censés incarner le futur des Bleus. José Touré, Jean-Marc Ferreri, Philippe Vercruysse. Mes partenaires bordelais me taquinaient :

— La saison prochaine, il va falloir que tu la gagnes, ta place !

Je suis parti pour le Mondial au Mexique, avec la ferme intention de revenir après pour entamer la saison avec les Girondins. J'étais certes en fin de contrat mais j'avais décidé de m'en occuper en rentrant. J'aurais bien le temps de resigner. De toute façon, je ne me voyais absolument pas ailleurs. Au Mexique, nous disputions des matchs amicaux de préparation, juste avant la Coupe du monde. J'étais dans ma chambre à Guanajuato quand j'ai reçu un appel de Bernard Tapie.

Depuis mars 1986, il avait racheté l'Olympique de Marseille qu'il présidait depuis. Michel Hidalgo, mon ancien sélectionneur, était son manager à l'OM. Il lui avait dit de m'appeler. J'étais surpris, je ne m'attendais pas à ce coup de fil. Il m'a demandé si je serais intéressé par l'idée de rejoindre Marseille. J'ai refusé poliment, l'ai remercié et j'ai raccroché. Une conversation brève, étonnante, mais je suis vite passé à autre chose puisque je n'étais vraiment pas dans l'idée de quitter mon club et ma région.

C'était la seconde offre que je repoussais. Gilles Favard, aujourd'hui chroniqueur pour *L'Équipe du soir*, travaillait à l'époque pour les Girondins de Bordeaux. Il s'occupait de tout, au sein du club. Ces malentendus avec mon président, il les connaissait. Il avait déjà un beau carnet d'adresses et m'avait permis de rencontrer en avril Francis Borelli, le président du PSG, dans le 16e arrondissement. Le moment était délicieux, avec ce dirigeant atypique, un vrai personnage, haut en couleur, affable, chaleureux, ce genre de dirigeant que l'on ne trouve plus dans le football d'aujourd'hui où les financiers en cravate ont pris le pouvoir. Il m'a proposé carrément de rejoindre le PSG après la Coupe du monde. J'étais flatté mais je lui ai expliqué que je n'envisageais pas une seconde de quitter mon club. En plus, au PSG, le maître à jouer s'appelait Safet Susic et je me voyais mal associé à lui. Nous étions trop dans le même registre. J'ai adoré découvrir Borelli mais j'ai quitté son appartement de la rue Freycinet sans remords.

Quand je suis revenu à Bordeaux après le Mondial, j'ai senti au club cette forme d'animosité à mon égard, cultivée par la garde rapprochée du président Bez. Elle montait de jour en jour. Je ne me sentais pas à l'aise. Je n'avais toujours pas resigné.

Je m'entraînais mais je n'étais pas payé. J'étais hors contrat pour la première fois de ma vie mais je n'étais pas préoccupé par cet aspect juridique, de pure forme. J'ai analysé la situation, cet environnement malsain autour de Claude Bez. L'hostilité de cet entourage me perturbait et me troublait. Je sentais que rester à Bordeaux ne serait plus comme avant. J'ai eu peur de perdre le plaisir absolu qui me guidait depuis toujours dans ce club.

J'avais 34 ans, j'y étais entré à 12 ans. Je sentais que je n'allais pas être épanoui comme avant si je restais. Je savais aussi que ma carrière approchait de la fin, je venais déjà de renoncer à l'équipe de France en prenant ma retraite internationale.

Nous étions fin juillet, le Tour de France arrivait. J'étais devant la télévision, je réfléchissais et j'ai pris la décision : quitter Bordeaux, rejoindre Marseille. J'ai regardé ma femme et je lui ai dit :

— Je m'en vais de Bordeaux.

Quand Bernard Tapie m'a rappelé – je savais qu'il allait le faire parce qu'il ne lâchait jamais rien –, j'ai accepté sa proposition. J'ai eu mal, très mal, incroyablement mal. Le moment était très douloureux. J'ai failli tout casser chez moi. Il faisait beau, je suis sorti sur notre terrasse, j'ai tapé dans tous les sièges. Toute la terrasse a valdingué. Ma femme a cru que je devenais fou.

Je ne suis pas sûr que l'on soit toujours armé pour affronter certaines situations inédites. Étais-je capable de faire face ? Ma décision me correspondait-elle ? Je me posais toutes ces questions. Partir ressemblait à un soulagement mais en même temps cette décision ne m'apaisait pas du tout. J'avais la rage de quitter Bordeaux, j'étais malheureux. La douleur m'oppressait et trente-cinq ans plus tard, elle est toujours présente. Je tournais la page de vingt-deux ans de ma vie mais je n'ai eu pas le choix. On ne m'a pas laissé le choix, je pense.

Dans les jours qui ont suivi, j'ai subi un déchaînement dans la presse. Je passais pour un « traître », c'était écrit dans les journaux. Les commentateurs s'en donnaient à cœur joie. À l'époque, personne ne connaissait le contexte mais tout le monde me fracassait. Le président Bez était furieux. Il ne serait pas le dernier à m'assassiner, avec des mots très durs. Il dirait que je n'étais pas « respectable », ni plus ni moins ! C'était violent, insupportable.

Quand j'ai quitté Marseille deux ans plus tard, nous sommes revenus nous installer à Langoiran. Mon fils aîné devait entrer au collège et même si la Provence nous plaisait, nous préférions reprendre nos marques chez nous. À mon retour en Gironde, j'ai appris par une indiscrétion que je n'étais pas le bienvenu au stade, que ce n'était pas la peine que j'y remette les pieds.

Mon ami Jacques Vendroux, le président du Variétés Club de France, l'historique patron des sports de Radio France, connaissait aussi très bien à la fois Claude Bez et Jacques Chaban-Delmas, le maire de Bordeaux ; il a convaincu ce dernier de nous convoquer, Bez et moi, à la mairie en juillet 1988. Nous étions assis dans son immense bureau, face à lui. Le président Chaban-Delmas nous a regardés avec bienveillance et nous a dit :

— Cher président, cher Alain. Bordeaux a besoin de vous. Et Bordeaux, c'est tout ce qui compte pour nous trois. Donc président, les disputes, c'est fini. Maintenant, vous allez vous serrer la main.

Nous nous sommes levés et nous nous sommes serré la main. Bez était au garde-à-vous devant Chaban-Delmas, pas seulement ce jour-là mais tout le temps. Il était très respectueux de la hiérarchie. Nous nous sommes serré la main sans rancune ni rancœur. Je connaissais bien Claude Bez. Mon départ l'avait meurtri, il était vexé, mais en réalité, on avait tout pour être en phase. Un énorme malentendu, au fond.

Je conserve une grande affection pour Claude Bez, un président exigeant, l'homme qui a relancé les Girondins à la fin des années 1970. Je regrette que l'on ait eu cette discorde en 1986. Le personnage était complexe. D'abord, c'était quelqu'un qui possédait un bon fond. Il y avait beaucoup de Bordelais en équipe de France, jusqu'à six joueurs des Girondins entre 1982 et 1986. C'était le club dominant dans ces années-là. Je me souviens de Claude Bez le lendemain de France-Allemagne, en demi-finale de la Coupe du monde 1982 à Séville. Il était là, à notre hôtel, invité par la

Fédération française de football. Il venait voir « ses » joueurs, presque comme un père qui cherche à nous réconforter.

Sa présence était appréciable après une élimination aussi douloureuse. En janvier 1986, nous avions perdu 9-0 à Monaco en championnat. Il nous avait dit après :

— Écoutez, il vaut mieux perdre une fois 9-0 que neuf fois 1-0.

On croyait qu'il allait nous tuer, mais il s'est montré plutôt magnanime.

J'ai tissé une relation forte avec lui sans me montrer béni-oui-oui. Je connaissais bien sa famille, sa femme, ses enfants. Il a relancé Bordeaux et moi, comme joueur, j'en ai profité. Dans le vestiaire, après une victoire, il attendait que le calme revienne, me regardait et lançait :

— Assez bien ! Mes seigneurs, c'est assez bien ce soir ! OK Gigi ?

« Assez bien », dans sa bouche, ça voulait dire très bien. Quand j'ai épaulé Raymond Goethals de retour comme entraîneur de Bordeaux en 1989, il venait manger avec nous, toujours une bouteille de rosé en accompagnement du déjeuner. Quand il faisait beau, il disait après le repas :

— J'ai un peu de temps libre, Raymond. Nous allons faire une pétanque !

Le jour où mon grand ami Bernard Lacombe a signé aux Girondins en 1979, il est allé fêter son arrivée au restaurant avec Claude Bez.

À la table d'à côté, une personne se lance dans une blague sur les bègues, sans savoir que Bez l'était. Bernard entendait la blague et savait que le président l'entendait aussi. À la fin, le président s'est retourné, a regardé la personne et lui a soufflé :

— J-j-je pou… pourrais la ra… raconter m-m-mieux que vous !

Il était drôle mais il incarnait également un pouvoir fort, l'autorité.

Quand il arrivait aux entraînements dans sa Bentley immatriculée 11 GB 33 – incroyable, quand même ! –, nous n'en menions pas large. Il avait une présence discrète et ne venait pas souvent nous voir. Mais on le craignait. Les soirs de match, au Parc Lescure, nos épouses nous attendaient dans un salon du stade. Il y passait chaque fois avant de regagner le vestiaire. Devant nos femmes, il était toujours cassant.

— Bonsoir mesdames ! Vous allez bien ? Pas moi !

Ou il dévisageait l'une et lui disait, en la regardant froidement :

— Vous avez de l'herpès sur la lèvre !

Il pouvait être terrible, il m'impressionnait !

Lors d'une tournée des Girondins en Guadeloupe, nous sommes rentrés avec Air France. Le steward a vu arriver une équipe de football, donc des jeunes un peu turbulents, une bande de copains qui s'amuse, en somme. Il faisait la tête, montrant ostensiblement que nos manières lui déplaisaient. Bez s'est approché de lui et lui a balancé :

— Ils vont s'installer ici. Dites-vous bien qu'ils vont faire du bruit pendant le trajet et qu'ils gagnent beaucoup plus d'argent que vous !

Il était ce personnage ambivalent, capable de tout, qui se transformerait encore quand Bernard Tapie reprendrait Marseille et réussirait à bâtir un grand club à la fin des années 1980. Les deux sont rapidement entrés en conflit, cherchant à se détruire.

Beaucoup ont fini par abuser de sa générosité, de son bon fond. Quand les ennuis se sont accumulés pour le club et pour lui – déficit financier, liquidation judiciaire, poursuites pénales, condamnation à la prison –, il s'est retrouvé tout seul, abandonné de tous. C'était son principal défaut : ne pas avoir vu qu'il était entouré de gens mal intentionnés, à la morale douteuse et aux méthodes discutables – pour rester poli.

Nous avons donc déménagé avec ma femme et nos deux enfants dans la région marseillaise.

Nous n'avions jamais bougé. Nous nous sommes installés à Lascours, un petit village au nord d'Aubagne, à trente minutes de Marseille. Nous louions une maison qui serait occupée deux ans plus tard, à notre départ, par Éric Cantona, qui a signé au club en 1988. Ma femme lui a fait visiter les lieux et elle m'a toujours parlé d'un garçon charmant qui lui avait laissé un excellent souvenir.

Je devais m'adapter à une région nouvelle, à un club nouveau, à une ville où il n'existe pas de juste milieu. Selon les résultats de l'OM, un joueur peut passer du paradis à l'enfer en quelques jours. Je me suis pris au jeu. Je suis tombé dans une équipe en pleine construction. Il y avait des minots (Michel Flos, Jean-Yves Francini, Benoît Cauet) mais aussi des cadres comme Joseph-Antoine Bell, Jean-François Domergue, que je connaissais bien, Karl-Heinz Förster, un Allemand doté d'une grande rigueur mais surtout un super mec, qui s'est fondu dans cette ambiance marseillaise comme un poisson dans l'eau.

L'OM a bâti une équipe dans un savant mélange entre jeunes et vieux routiers de la Division 1. La mayonnaise a pris, la dynamique s'est créée. Il y avait aussi Jean-Pierre Papin, qui débarquait de Bruges en Belgique. Je l'avais découvert à la Coupe du monde au Mexique, le gars était impeccable, gentil, prometteur. Le groupe me plaisait et ne s'entraînait jamais au même endroit. Il n'y avait pas de centre d'entraînement, pas de lieu fixe ou établi. C'est Marseille !

Sur le terrain, je ne retrouvais pas du tout la patte des Girondins. L'OM n'avait rien à voir. Il y avait moins de maîtrise, une équipe plus bancale, plus déséquilibrée mais aussi plus de folie dans le jeu. Je m'adaptais aux joueurs, à leur style. C'était tout feu, tout flamme. J'arrivais à prendre du plaisir parce que je faisais abstraction du passé. Je me sentais ailleurs, dans un autre univers. Sur le fond, je restais alors le même mais dans un contexte différent. Plus tôt que Bernard Tapie ne l'avait imaginé, Marseille a terminé deuxième du championnat dès ma première saison sur la Canebière. Nous lui faisions gagner du temps. Nous mettions le club sur orbite pour les conquêtes futures puisque l'OM serait le club de la décennie suivante, avec cette Ligue des champions décrochée en 1993 devant l'AC Milan.

J'ai toujours su me faire adopter par les autres joueurs, quelles que soient les catégories d'âge ou les équipes que j'ai fréquentées. À Marseille, j'étais le bon copain mais aussi celui qui donne des conseils, qui essaie de transmettre ce qu'il a appris. Je sentais mes nouveaux partenaires touchés, comme Patrick Cubaynes, un coéquipier sympathique. Il m'a dit un jour à l'entraînement :

— Les caviars que tu mets, toi ! Waouh, on va recevoir de bons ballons cette saison !

Notre entraîneur, Gérard Banide, me dispensait des séances trop athlétiques. À 34 ans, il fallait que je fasse attention. Je n'étais plus un débutant, et les saisons qui s'accumulaient commençaient à peser.

— Gigi, tu te mets sur le côté. Tu n'en as pas besoin, toi, soufflait Banide.

— T'as de la chance ! souriait Cubaynes, 26 ans.

— Donne-moi ton âge et je te donne le mien, je lui rétorquais.

Ce n'était pas par plaisir que j'échappais à ces entraînements.

Fatalement, dans une saison, nous rencontrions deux fois les mêmes équipes. J'allais donc affronter à deux reprises Bordeaux, une fois à Marseille, une fois là-bas, un moment que j'appréhendais. La première manche s'est déroulée en octobre au Vélodrome. Cela m'a fait drôle de voir le maillot marine et blanc en face. Score final : 1-1. Pour ce premier rendez-vous contre mon ancien club, j'avais acheté six cents places pour mes copains d'Aquitaine ! L'OM m'avait fait un prix, je vous rassure ! J'avais même réservé une grande salle de réception près du stade Vélodrome pour qu'on leur serve un repas après la partie. Ils étaient bien accueillis, ces Bordelais, parce qu'ils venaient encourager Marseille ou plutôt parce qu'ils venaient m'encourager. Il s'agissait de mes supporters !

Changement de décor pour le match retour. C'était beaucoup moins sympathique et convivial. Je vous emmène dans les coulisses de cette drôle de rencontre.

En avril, il me fallait donc retourner à Bordeaux, dix mois après mon départ. Le jour du match, mes parents m'ont rendu visite à l'hôtel où Marseille effectuait sa mise au vert. Un peu de réconfort avant les tourments. La suite m'a bouleversé. Je suis arrivé au Parc Lescure, direction le vestiaire des visiteurs, que je ne connaissais pas. Je me suis échauffé là où je me suis toujours préparé avant les rencontres, sur un terrain annexe. Je devais maintenant entrer sur le terrain. Je ne me sentais pas bien. J'avais mal partout et tout me faisait souffrir.

Je voyais Jean Tigana, Patrick Battiston, tous mes anciens partenaires en face de moi, avec le maillot de Bordeaux. Heureusement, le public de Lescure ne m'a pas sifflé, au contraire. Il m'a accueilli chaleureusement et ce fut le seul moment sympa de cette soirée. Le match a commencé. Là, j'ai subi un traitement de faveur qui s'est révélé un vrai traitement de choc.

Gernot Rohr, milieu de terrain défensif, était chargé de me marquer individuellement. Il devait me suivre partout, dans toutes les zones du terrain. Il exerçait une pression physique considérable sur moi, me mettant des coups d'une violence insupportable. C'était incroyable. Dans un monde normal, au premier tacle qu'il m'a infligé, il aurait dû être expulsé. Aujourd'hui, ce ne serait plus possible un tel comportement sur un terrain, une véritable vendetta ! Un règlement de comptes à ciel ouvert devant trente mille personnes.

J'ai pardonné toutes ces attitudes déplorables. Ce n'est pas ce que je retiens. Ce qui me frappe encore aujourd'hui, c'est ce match que j'ai traversé en zombie. J'ai vécu l'un des moments les plus difficiles de ma vie de joueur. Je me suis rendu compte alors qu'il existait des choses qu'on ne pouvait pas supporter. C'en était trop : ce stade, mes anciens partenaires en face de moi, ce que représentaient les Girondins, je ne pouvais pas. Ce moment-là, je l'ai pris à travers la gueule. Il ne s'agissait pas d'un manque de caractère. C'était ma sensibilité qui passait à la moulinette et c'était plus fort que moi.

Je me suis ancré dans ce club, littéralement. Mes racines viennent de cette terre, de ce stade, de cette région. Les Girondins incarnent ma vie sportive, mon histoire, je suis lié au club pour l'éternité. Vivre froidement, détaché de mon passé, de ce qui m'a construit et constitué, je ne sais pas faire. Je ne le conçois pas. Ma relation au club ressemble à une relation avec mon meilleur ami. Ce match au Parc Lescure reste un cauchemar, un aller simple vers les ténèbres. Au moins cette expérience m'a-t-elle servi de leçon. La saison suivante, juste avant le Bordeaux-Marseille, je suis allé voir Bernard Tapie à la sortie d'un entraînement.

— Président, je suis désolé, je n'y vais pas.

Lui, il avait été formidable lors de ces premières retrouvailles. Tout le monde le connaissait : il n'avait pas d'équivalent pour manager les gens. Je garde une image positive de lui. Sa capacité d'analyse m'a toujours impressionné. C'était aussi un grand communicant, à l'aise devant les médias, tout le contraire de Claude Bez. Ça tournait à 300 à l'heure dans sa tête ! Il tenait l'équipe mais il ne faisait pas l'équipe, d'après ce que j'ai pu voir. Mais il mangeait foot du matin au soir. Raymond Goethals m'a raconté plus tard, avec son célèbre accent belge :

— Je dormais profondément et à 4 heures du matin, le téléphone sonne. C'était Bernard Tapie. « Raymond, tu dors ? Je viens de regarder le dernier match du Milan. Ils sont très bons, ces Italiens ! »

C'était donc un meneur d'hommes hors pair, qui savait toucher juste par un discours entraînant. Il prenait l'habitude d'intervenir avant ou après la causerie de l'entraîneur, les jours de match. Ce jour d'avril 1987, il a dit devant tout le groupe :

— Vous savez où l'on est ici quand même ? On est à Bordeaux ! C'est un grand match pour nous ! Et vous savez ce que ça peut représenter pour Alain de revenir ici pour la première fois avec un autre maillot ? Vous allez donc aussi jouer pour lui ! Compris ?

J'étais touché : il est rare d'entendre ça. Je sais qu'on a beaucoup critiqué Tapie, ses paroles en l'air, son opportunisme, son côté bonimenteur. Là, c'était vrai. Il disait ce qu'il ressentait et moi, j'étais ému.

Avant le deuxième match à Bordeaux l'année suivante, je me suis donc confié à « monsieur Tapie ». Je l'appelais comme ça alors que les autres lui donnaient du « Bernard ».

— Vous avez pu voir comme c'était dur pour moi la saison passée. Comme j'en ai souffert. Je vous le dis : je ne peux pas rejouer une nouvelle fois à Bordeaux.

— Je comprends, m'a-t-il répondu.

Bon, Bernard Tapie, on ne le refait pas complètement. Le jour du match, j'étais à l'hôtel de la mise au vert avec l'OM. Il m'a appelé dans ma chambre afin d'essayer de me convaincre de jouer. Une petite tentative, en passant. J'ai décliné. Je ne *pouvais* pas. C'était au-dessus de mes forces. Je suis même allé plus loin. J'ai refusé de prendre le bus pour me rendre au stade avec mon équipe. Gérard Banide m'a croisé dans le hall et m'a lancé :

— Allez, Alain, viens, on y va, dépêche-toi !

Je l'ai regardé :

— Non, je ne peux pas. Vraiment.

— T'as dû sacrément souffrir la saison passée, dis donc, pour en arriver là, m'a-t-il dit en me regardant, l'air compréhensif.

Je suis resté à l'hôtel, rejoint par des amis de la région. Je n'ai même pas regardé le match. Bordeaux a gagné, comme la première année. Je reconnais que mon attitude n'était pas logique dans un milieu professionnel. Je n'en tire aucune gloire mais je dis aussi que dans ce monde qui se déshumanise, plus particulièrement le football, on peut encore vivre des situations comme celle-là, où l'amour pour ses racines, pour cet univers qui vous a fait, est plus important que le reste. Dans ma vie, je n'ai joué qu'une seule fois contre Bordeaux. Mais une fois de trop.

Je ne peux pas me déjuger. Il fallait que je quitte Bordeaux. Pour continuer à jouer, il fallait que je parte. Mais je ne me suis jamais guéri de ce départ. C'est très paradoxal. Partir a provoqué une douleur qui ne s'est jamais effacée. Mais rester n'aurait jamais gommé la douleur. J'aurais été malheureux en restant, d'une autre manière et pour d'autres raisons, notamment la malveillance de la garde rapprochée du président Bez.

Je sais qu'en disant cela, je donne l'impression de dire tout et son contraire. Mais moi-même, j'ai été pris dans un tumulte de sentiments ambivalents que je retranscris aujourd'hui. Je pourrais résumer ainsi cette traversée kafkaïenne de mon cerveau : je n'aurais jamais dû partir d'un endroit où je ne pouvais plus rester !

De toute façon, il est très difficile de mettre fin à une aventure comme Bordeaux ou l'équipe de France, ou plus généralement à sa carrière. Est-ce le bon moment, pas le bon moment ? Personne ne le sait, en fait. Il n'y a rien de net et carré. J'ai encore été désigné joueur de l'année en France en 1987. J'ai dit stop en 1988, à presque 36 ans et après deux belles années tout à fait honorables à Marseille. Quand j'ai arrêté, je me suis demandé si je n'aurais pas dû continuer. Mon fils Thibault a joué plus longtemps que moi : 37 ans pour lui.

Et quand il a mis fin à sa carrière de joueur, appelé à intégrer le staff d'Antoine Kombouaré à Guingamp, j'ai bien senti qu'il voulait poursuivre sa vie de footballeur. Je lui ai dit :

— Même à 60 ans, tu auras encore envie de jouer.

J'ai moi-même décidé d'arrêter ma carrière en avril 1988. La scolarité de mon fils aîné, Mathieu, son passage au collège, a été l'un des éléments déclencheurs. L'idée avait cheminé tout au long de la saison. La raison s'est imposée. Il faut savoir s'arrêter un jour. J'en ai parlé à Pape Diouf, alors journaliste à *La Marseillaise,* et l'information a fuité. C'est d'ailleurs lui qui m'avait fait découvrir en partie le football africain grâce à des invitations pour des jubilés sur ce continent.

Tout le monde était donc au courant et il restait encore trois matchs à l'extérieur, Le Havre, Toulouse et Montpellier, dans le calendrier. Je suis arrivé au Havre, le speaker a annoncé que j'allais bientôt tirer ma révérence. Le président du Havre, Jean-Pierre Hureau, m'a offert une montre, avec gravé au dos : « Alain Giresse, Le Havre-OM, le 30 avril 1988 ». Et le speaker d'enchaîner :

— Merci Alain Giresse ! On souhaite une bonne retraite à Alain Giresse.

J'étais touché. À Toulouse, pareil ! Une gerbe de fleurs avant la rencontre. Je débarque enfin à Montpellier, rebelote ! Louis Nicollin m'a offert un coffret de bureau Pierre Cardin, avec une loupe, une agrafeuse, une gamme de stylos de couleur rouge bordeaux, juste avant le match.

Cela m'a rappelé mon 500$^{e}$ match en première division avec Bordeaux en 1985. Le président Jacques Thouzery a prononcé un discours au micro face aux deux équipes alignées juste avant le coup d'envoi. Tous ces gens n'étaient pas obligés de se comporter comme ça, c'est beau, c'est sympa ! Qu'ai-je fait pour mériter tout cela ? Je leur ai juste marqué des buts ! Ce sont des moments inoubliables, extrêmement intenses émotionnellement et qui racontent sans doute un football qui n'existe plus. Imagine-t-on possible aujourd'hui cette scène du discours du président Thouzery ?

À Marseille, également, on a mis les petits plats dans les grands lors de mon dernier match professionnel. Marseille recevait Monaco au stade Vélodrome. Je suis entré le premier sur le terrain, avec le brassard de capitaine, que Joseph-Antoine Bell m'avait confié. Nous avons gagné (3-1) et après, j'ai été porté en triomphe sur les épaules de mes partenaires tout autour du terrain, avec un public hyper chaleureux. Ma famille était présente. Un souvenir magique : je suis rentré aux vestiaires accompagné par mes deux fils aînés.

Le lendemain soir, j'étais invité par le maire de Marseille, Robert Vigouroux, à une réception en mon hommage à l'hôtel de ville. Bernard Tapie, qui dirigeait Look à l'époque, m'a offert un vélo de course, que j'ai toujours et dont je me sers pour des balades autour de Toulouse. Ce sont tous ces petits moments que je n'ai jamais oubliés.

Le vide s'est installé immédiatement. Dès la fin de mon dernier match. Je me suis assis à ma place, dans le vestiaire, et je me suis effondré, en larmes. Je n'étais pas bien. J'ai rangé mes crampons, c'était fini. Je me suis en allé lentement, en regardant une dernière fois le vestiaire, les yeux rougis. J'avançais la tête retournée, au sens propre comme figuré. Je ne regrettais pas d'avoir arrêté mais de ne plus jouer ! La passion que j'ai pour cette vie et ce sport déborde de partout en moi. J'ai préféré prendre les devants. Il vaut mieux éviter d'accomplir la saison de trop. Au moins personne ne m'a dit : « Dégage ! » Je suis parti de moi-même, à l'instant que j'ai choisi. Il vaut mieux faire envie que pitié.

Ma carrière d'entraîneur, après, le confirme.

# 8

## PSG : Paris sans Giresse

Le 1er mai 1998, j'ai refusé de devenir le sélectionneur de l'équipe de France.

Ce mandat aurait commencé après la Coupe du monde en France. Ce 1er mai, j'étais chez moi à Toulouse quand j'ai reçu un coup de fil de Noël Le Graët, le président de la Ligue nationale de football. Il voulait me voir d'urgence et m'a commandé un avion privé pour Saint-Brieuc alors qu'il était à Guingamp, où il vit quand il quitte Paris. Je l'ai rencontré dans un restaurant et il m'a exposé son projet :

— Comme vous le savez, Aimé Jacquet s'arrête après la Coupe du monde, qu'il la gagne ou non. J'aimerais que vous soyez son successeur. La place est à vous.

Il m'offrait le poste de sélectionneur, ma première offre de sélectionneur ! J'avais 45 ans et j'ai refusé parce que j'étais encore un peu jeune.

Je voulais d'abord me former dans un club, avoir une solide expérience auprès d'une équipe au quotidien. Je n'étais pas assez mûr. Avec le recul, je ne regrette rien. Il me manquait alors trop d'éléments dans l'approche pédagogique et humaine pour me glisser dans les habits d'un bon sélectionneur. Noël Le Graët était déçu, il avait insisté pour que je vienne, mais il m'a compris. Le repas s'est déroulé dans une grande courtoisie.

Après ma vie de joueur, j'ai emprunté plusieurs chemins. J'ai couvert l'Euro 1988 comme consultant pour Europe 1 avec Eugène Saccomano, j'ai commenté quelques matchs pour la télé, je me suis occupé de stages de foot dans la région Aquitaine. On est venu me chercher à chaque fois, je n'ai rien provoqué. Je n'avais qu'une seule envie, celle de rester dans le football.

En février 1989, Aimé Jacquet a été limogé de Bordeaux. Didier Couécou a été nommé en intérim et la direction m'a demandé de l'accompagner dans le staff. De mars à juin 1989, je suis devenu entraîneur adjoint. J'ai continué avec Raymond Goethals, redevenu entraîneur de Bordeaux lors de la saison 1989-1990. J'étais cette fois-ci directeur sportif mais il m'arrivait de m'entraîner comme les autres le matin, pour faire le nombre lors des séances. Quand Raymond a quitté Bordeaux, Gernot Rohr a pris sa suite et je me suis retiré.

Avec lui, j'avais mis de l'eau dans mon vin mais pas dans le vin de Bordeaux… J'ai occupé le même poste de directeur sportif à Toulouse peu après, en 1993. Petit à petit, j'ai eu une idée de plus en plus précise de mes envies dans ce monde d'après. Ce travail proche du terrain me plaisait, même si je n'avais pas la charge d'une équipe. J'étais directeur-manager et en 1994, l'entraîneur de Toulouse se nommait Rolland Courbis, l'un de mes compagnons en équipe de France junior. Nous étions contents de nous retrouver, nous nous connaissons depuis si longtemps ! Rolland était le Marseillais dans toute sa splendeur : chaleureux, auteur de bons mots, taquin. Le dimanche, nous partions manger le cassoulet en famille chez le président du club, André Labatut. Rolland le bon vivant faisait honneur aux mets locaux !

Je trouvais que l'on avait du mal à positionner un directeur sportif. Par rapport à l'entraîneur, au président, principalement. Existe-t-il d'un côté un président et un directeur sportif qui fournissent un effectif à l'entraîneur, à charge pour lui de gagner avec ? Ou est-ce l'entraîneur qui nomme ses besoins par rapport au groupe qu'il dirige et au directeur sportif alors de trouver le profil recherché, validé par les moyens financiers établis par le club ? J'ai privilégié ce dernier mode de fonctionnement. Il me semble le plus cohérent. Rolland et moi, nous avions cette approche complémentaire.

En novembre 1995, Rolland a été malheureusement remercié et j'ai pris sa suite comme entraîneur principal. J'étais en train de passer mes diplômes. Entraîneur, c'était une option à laquelle j'avais réfléchi progressivement. Elle me tentait et je me suis donc lancé. J'ai découvert l'apprentissage à travers la deuxième division. Nous sommes parvenus à monter en Division 1 en 1996-1997 et à nous maintenir en 1997-1998. Quand est arrivée la proposition de reprendre l'équipe de France, j'entraînais depuis deux ans et demi seulement : six mois en deuxième division et deux ans parmi l'élite. Franchement, le chalenge immense de devenir le patron des Bleus est arrivé trop tôt pour moi. Je n'avais pas les reins assez solides.

Fin mai 1998, le journaliste de Canal + Charles Biétry m'a téléphoné.

— Je vais prendre la présidence du PSG et je voudrais que tu en sois l'entraîneur.

Il m'a parlé d'un projet où le club garderait une dimension familiale. Il y aurait juste lui et moi, pas de directeur sportif, pour prendre des décisions cohérentes, en lien avec l'actionnaire, Canal +. Il ne s'agissait pas du PSG d'aujourd'hui mais le contexte était le même : Paris était l'équipe la plus médiatique de France, avec Marseille. Jouer au Parc des Princes avait un parfum singulier et unique, avec cette charge mythique des matchs de l'équipe de France, où nous avions remporté le championnat d'Europe 1984. La Coupe du monde en France n'avait pas encore eu lieu.

Je ne maîtrisais pas le contexte de Paris, avec son hypermédiatisation souvent irrationnelle, mais j'ai accepté la proposition de Biétry. Je le connaissais depuis longtemps, à travers nos relations professionnelles, lui comme reporter à l'Agence France presse puis à Canal +, moi en tant que joueur de football. Pour moi, il était « Charles ». Cette proximité me paraissait logique. Il m'a choisi, je n'avais même pas à le séduire. La collaboration me semblait partir sur de bonnes bases, saines en tout cas. J'ai signé un contrat de trois ans et je suis arrivé avec une ambition folle.

Je me suis installé à Saint-Germain-en-Laye, près du camp des Loges, le centre d'entraînement du PSG dans les Yvelines. Immédiatement, plusieurs éléments m'ont interpellé. Le terrain d'entraînement n'était tout d'abord pas aux normes ! Il ne faisait même pas 100 mètres de long. Incroyable ! À côté, il y avait un autre terrain mais séparé par un immense grillage qui faisait le tour de la pelouse. Je ne pouvais pas faire la fine bouche : c'était avec ces installations que le PSG était devenu champion de France quatre ans plus tôt, en 1994. Ici encore qu'il s'était préparé pour remporter la Coupe d'Europe des vainqueurs de coupes en 1996.

J'ai quand même posé la question parce que j'étais étonné :

— On n'a que cet espace pour s'entraîner ?

Visiblement, oui. À l'intérieur du bâtiment principal, le vestiaire était correct mais il n'y avait pas de séparation entre les pièces ! Juste des cloisons qui n'allaient pas jusqu'au plafond. Si le staff technique parlait fort, les joueurs pouvaient entendre. Si les joueurs parlaient fort, les entraîneurs entendaient. Aucune intimité. Une seule pièce, exiguë, était fermée du sol au plafond. Enfin ! Il n'y avait qu'ici que l'on pouvait se parler sans redouter que tout le monde sache ce que l'on se disait.

L'effectif était pléthorique, nous devions le restructurer. Les mouvements se sont succédé, beaucoup de départs enclenchés sous la direction précédente sont devenus effectifs. L'Italien Marco Simone était le joueur le plus emblématique du groupe, le plus déterminant, le plus marquant. Il était le capitaine. Charles Biétry fondait toute la communication du club autour de l'attaquant, il lui avait promis un nouveau contrat mais à la reprise, Marco Simone avait déclaré en gros que tout cela était faux, que les engagements pris n'avaient pas été pas respectés. La confusion était énorme.

Des supporters sont arrivés aux entraînements avec des banderoles contre Biétry. Lors d'un match amical de préparation en juillet, ils ont jeté des bouteilles en direction de Charles. Je commençais à me demander où j'avais mis les pieds. La mise en place du projet était tumultueuse.

Je suis arrivé au PSG en juin sans avoir encore rencontré personne dans l'état-major. Je trouvais cela curieux. Aucun dirigeant de Canal +, la maison mère. Aucun dirigeant « historique », c'est comme ça qu'on les appelait. Ni Alain Cayzac, ni Charles Talar, ni Bernard Brochand. Je ne réclamais rien, je ne connaissais pas le fonctionnement du club ni ce qu'ils représentaient. Je ne les ai rencontrés qu'une seule fois, quand j'ai été évincé quelques mois plus tard, en octobre.

« Je suis heureux de vous connaître ! » est la première chose que je leur ai dite.

La préparation n'était pas vraiment idéale. En stage à Aix-les-Bains en juillet, l'effectif restait hétéroclite. Je savais que j'entraînais alors des joueurs qui ne seraient bientôt plus là. Beaucoup hésitaient à rester. Ils ne connaissaient pas Charles

Biétry en tant que président. Ils restaient attachés au précédent, Michel Denisot. Ils ont refusé le changement.

Moi, mon job consistait à créer un esprit de corps, à faire cause commune et dans ce tourbillon, ce n'était pas gagné. Au début de la saison, nous avons gagné le Trophée des champions. J'ai quand même récolté un titre avec Paris ! La saison ne démarrait pas si mal que cela, avec quatre victoires, un nul et trois défaites. Mais il y a eu la Coupe des coupes. À l'aller en seizièmes de finale, nous avons obtenu le match nul (1-1) contre le Maccabi Haïfa au Parc des Princes. Au retour, le 1er octobre 1998, il y avait 2-2 jusqu'à la dernière minute, ce qui nous qualifiait mais nous avons encaissé un but contre notre camp à la quatre-vingt-dixième minute. Terminé. Élimination.

En Israël, le séjour s'est mal passé. J'ai observé beaucoup de tensions entre les joueurs, il y avait un manque patent d'unité et de sérénité. Le groupe vivait mal, se disloquait, entre les pro-Denisot d'un côté et les pro-Biétry de l'autre. Il y avait plusieurs clans et moi, j'étais au milieu à chercher à fédérer, et je n'y parvenais pas. Face aux conflits entre joueurs, je n'étais pas bon. Si cette division avait lieu aujourd'hui, j'agirais différemment mais à l'époque, j'étais totalement à côté de la plaque. Je ne trouvais pas la clé pour esquisser un dessein collectif, emmener mes joueurs vers un objectif commun.

Le fonctionnement du club n'était pas le bon non plus. Charles Biétry se voulait un président de proximité, il était omniprésent, omnipotent. À Bordeaux, le président Bez, on ne le voyait pas de la journée. Un président doit prendre de la hauteur et intervenir quand la situation l'exige. Nous n'étions pas du tout en phase, Charles Biétry et moi, les sujets de désaccord se multipliaient. Il lui arrivait par exemple, lors des entraînements, de se mettre dans les buts lors d'une opposition entre joueurs. Ce n'était pas le rôle d'un président de jouer au copain. Charles ne voulait pas mal faire mais il n'était pas dans le costume de président dans ces moments-là.

Ce flou de management – qui décide vraiment ? – est un poison pour l'effectif qui a besoin de savoir où se situe le pouvoir. Si l'autorité se dilue, les joueurs profitent de ce flou. Et il n'y a plus de groupe, plus d'état d'esprit commun, plus de rassemblement possible. Ce flou, moi, je ne parvenais pas à le clarifier. C'est aujourd'hui avec le recul que je peux analyser la situation. Avais-je les moyens d'agir différemment à l'époque ? Je me pose encore la question. Le métier d'entraîneur est une école de l'humilité permanente. On se remet en cause tous les jours.

Après Haïfa, nous avons perdu trois jours plus tard contre Lens (1-0) à domicile. Nous avons obtenu un penalty mais Marco Simone a glissé au moment de frapper et le ballon s'est envolé au-dessus de la barre transversale. Il est venu s'excuser auprès de moi dans le vestiaire après. À la fin du match, Daniel Leclercq, l'entraîneur de Lens, m'a salué :

— À la prochaine Alain.

Je lui ai répondu :

— Ça m'étonnerait !

J'ai senti le vent tourner. Nous étions samedi. Le lundi, j'étais convoqué au siège de Canal + dans le 15e arrondissement. J'ai rencontré pour la première fois tout le conseil d'administration du club : Pierre Lescure, le président de Canal + ; Charles Talar, Alain Cayzac, Bernard Brochand, les « historiques ». Charles était présent. Les dirigeants m'ont demandé des explications. L'équipe était en plein renouvellement, il y avait eu vingt-deux départs pour vingt arrivées, staff technique compris.

Nous avions deux stoppeurs, Christian Wörms et Alain Goma, les deux attirés par le marquage et non par la zone. Cela déséquilibrait complètement l'équipe. J'avais installé en défense Éric

Rabésandratana, parce qu'il était capable de mener une réflexion tactique au milieu de ces stoppeurs. Mon équipe demeurait néanmoins bancale.

Charles Biétry dirait plus tard que lors de cette réunion, j'aurais dit que nous risquions de descendre en deuxième division si les choses continuaient ainsi. Nous étions huitièmes au classement à ce moment-là, je n'ai jamais affirmé une telle chose devant le conseil d'administration. C'était la première fois que je les voyais tous et le courant n'est pas passé. J'ai quitté les locaux sans qu'aucune décision soit prise. Le mardi, j'ai repris l'entraînement au camp des Loges. Rien. Aucune nouvelle de la réunion. Vingt-quatre heures sont passées.

Séance le mercredi après-midi. Il pleuvait, le ciel était gris et la nuit tombait de bonne heure. L'entraînement s'est terminé sous les yeux de Charles, qui m'a demandé de le suivre. Là, j'ai compris que c'était l'heure de la guillotine. Nous nous sommes installés dans la seule pièce qui fermait, à l'entrée du bâtiment.

— On arrête. C'est terminé.

Il m'a viré. J'étais secoué. Il ne m'a rien expliqué, n'a fourni aucune justification, comme un arbitre qui aurait sifflé une faute. On sait qu'il ne revient jamais sur sa décision. Discuter, contester, palabrer, protester ne servirait à rien.

La situation était brutale. Je suis sorti du bureau et je suis allé voir mes adjoints.

— Les gars, c'est fini.

Leurs visages se sont décomposés. Tout entraîneur s'est fait limoger au moins une fois. Pour moi, c'était la première, et c'était dur. Les joueurs sont sortis du vestiaire et m'ont salué, un par un, informés de ma situation. Je suis rentré dans mon appartement de Saint-Germain-en-Laye et j'ai appelé les copains. J'ai retrouvé Thierry Roland et Jacques Vendroux pour dîner dans Paris. Je leur ai raconté ma drôle de journée.

Après moi, Artur Jorge se fera virer aussi. Un entraîneur expérimenté, un technicien rompu aux joutes de haut niveau, qui connaissait parfaitement la maison PSG puisqu'il avait déjà dirigé l'équipe quelques années auparavant. Il a subi le même sort que moi. Cela m'exonérait presque. Charles Biétry serait évincé à son tour en décembre, deux mois après moi. Le mal semblait plus profond que ma seule personne. Cette saison-là, le PSG a connu trois entraîneurs, deux présidents. J'ai obtenu la même moyenne de points que Philippe Bergeroo qui a succédé à Artur Jorge, qui lui a totalisé moins de points que nous.

Paris a connu par la suite des années compliquées. Le club vivait une période délicate et je crois que le problème dépassait le cas des entraîneurs choisis. Mon passage à Paris n'a pas été analysé de manière objective. Si on me juge durement, je peux faire pareil. La situation a empiré avec ceux qui m'ont succédé ! J'ai été évincé pour que le club plonge encore plus profond et descende dans les ténèbres. Deux entraîneurs virés après moi, un président congédié et la tache, ce serait moi ?

Il est facile de faire porter tout le poids de la crise à l'entraîneur. Cela me fait bien rire. Bien sûr que j'en ai voulu à Charles ! Nous ne nous sommes pas parlé pendant huit ans. Un jour, lors de Côte d'Ivoire-Argentine pendant la Coupe du monde 2006 en Allemagne, il m'a tapé sur l'épaule. J'étais alors sélectionneur du Gabon. Il m'a demandé :

— Je peux te serrer la main ?

— Si tu veux.

On se recroise, on se parle, je connais son fils qui travaille à la télé mais nos rapports restent très limités. Nous n'aurons plus jamais la relation que nous avions au début. Il a eu des décisions à prendre, OK, c'est le rôle de tout responsable. Mais il m'a viré entre deux portes, de manière glauque.

Tout comme moi, Charles était membre du Variétés Club de France, le club qui réunit anciens joueurs, personnalités du show-business et journalistes, présidé par Jacques Vendroux. Entre membres, on ne se comporte pas comme cela ! C'est la famille, on n'y touche pas. Le Variétés lui en a voulu et l'a éjecté. Il existe une solidarité totale entre nous.

Je n'avais aucune illusion quand je suis passé de l'autre côté. Joueur, on maîtrise tout. Coach, on est dépendant. Un entraîneur a du pouvoir mais la responsabilité de l'équipe ne dépend pas que de lui. On dirait que l'entraîneur détient tout, sait tout. Ce n'est pas vrai, il n'est pas magicien. L'entraîneur façonne l'état d'esprit d'une équipe, favorise les conditions pour que ses joueurs expriment leur potentiel, met en place des leviers. Un manager grandit en faisant grandir les autres. Voilà ma devise première, que je placarde au mur de mon bureau, à chaque fois que je suis entraîneur.

Je sais depuis toujours qu'il existe des gens toxiques dans le milieu du football. Je ne suis pas né de la dernière pluie. Moi, grâce à ce sport, j'ai passé la couche de nuages pour atteindre le grand soleil. Certains ont essayé de me ramener sous les nuages. En vain. C'est leur problème, pas le mien. Mon passage à Paris s'est mal passé, c'était un échec mais j'ai largement compensé avec la suite.

# 9

## Je me sélectionne une belle vie

En mai 2004, j'ai appris aux Géorgiens à chanter leur hymne. Président de l'UEFA, Michel Platini a eu vent que la place se libérait à la tête de cette équipe de la République de l'ancienne Union soviétique. Il m'a demandé si le poste m'intéressait. Comme n'importe quel ami qui peut avoir de l'attention pour un autre. Il se trouve que là, l'ami, c'était Michel Platini.

Je me suis dit : « Pourquoi pas ? » alors que je n'avais pas envisagé de me mettre dans le costume de sélectionneur. Quand on passe ses diplômes d'entraîneur, ce n'est pas la première chose à laquelle on pense. On s'imagine en club, avec une équipe au quotidien. Pas sélectionneur avec des rassemblements tous les mois, au mieux.

En novembre 2003, la révolution des Roses a conduit Édouard Chevardnadzé, le président du pays, à démissionner. Il a été remplacé par Mikheil

Saakachvili. Il a changé le drapeau et l'hymne de la Géorgie. En sélection, mon adjoint se nommait Guia Gourouli. C'était un ancien footballeur géorgien, parfaitement francophone puisqu'il avait joué au Havre, à Dunkerque et à Calais dans les années 1990. Je me suis renseigné auprès de lui pour savoir si les joueurs que j'avais retenus connaissaient l'hymne.

— Non, il est nouveau, m'a-t-il confié.

Je lui ai demandé de noter les paroles sur le paperboard et d'appeler les joueurs. Guia me servait d'interprète.

Au premier jour du rassemblement, je leur ai dit :

— Aujourd'hui, on ne va pas parler football, je vais vous faire écouter de la musique. Vous savez, ça, c'est votre nouvel hymne !

Giua a retourné le tableau et j'ai ajouté :

— Voilà les paroles !

Nous étions quelques jours avant la réception d'Israël en match amical à Tbilissi. C'était dans la capitale géorgienne que je m'étais installé.

Je pense que c'est ce qui m'a motivé à devenir sélectionneur, en plus du poste lui-même : la découverte d'un pays à travers le football, l'équipe nationale, la culture locale. Je me suis plongé dans la vie sur place. La Géorgie savait vivre : on y mangeait bien, on y buvait beaucoup, c'était toujours très convivial. Il y avait le *tamada*, le chef de table. Il se levait au début du repas.

— Nous allons boire à l'amitié de nous retrouver ici.

Deux minutes plus tard, il se levait à nouveau.

— Nous allons boire pour nos familles.

Et ainsi de suite ! On pouvait sortir de table dans un drôle d'état !

Devenir sélectionneur dans un pays que l'on ne connaît pas, c'est vivre immergé dans l'inconnu, l'appréhender, s'en enrichir, partager le quotidien de gens nouveaux et différents. J'ai créé des liens qui ont survécu à mon court passage. J'aime ce pas vers les autres. Je suis allé dans les familles des joueurs pour connaître leur quotidien, discuter avec eux, j'ai parcouru les quatre coins du pays, vu la mer Noire, gravi les montagnes. J'arrivais dans un endroit qui s'émancipait totalement.

Si l'architecture demeurait à mon arrivée marquée par le soviétisme, la liberté s'est emparée des rues. Ce n'était plus une République de l'ex-URSS et ce vent de fraîcheur parfumait tout Tbilissi. Début 2020, j'ai participé à un tournoi à Batoumi, cela n'avait déjà plus rien à voir. On parle d'une évolution sur quinze ans, pas sur trente ans. Ils sont allés vite. Batoumi ressemble à Las Vegas désormais !

Sélectionneur, c'est un drôle de métier. Les primes en équipe nationale sont ridicules par rapport aux sommes que les joueurs touchent dans leurs clubs. Pourquoi viennent-ils en sélection ? En ont-ils vraiment envie ?

J'ai été choisi pour apporter une expertise avec un groupe qui se réunit au mieux une fois par mois. Je devais créer une base, une ossature, mettre en place un système de jeu, mobiliser les joueurs. Je suis arrivé avec beaucoup de rigueur, c'est ma nature. J'ai récupéré toutes les informations de la sélection géorgienne, les données sportives, physiques, logistiques. Rien ne devait m'échapper. Je décortiquais à la loupe tous les règlements de la FIFA sur les sélections pour éviter les pièges, ne pas être pris au dépourvu. Beaucoup de Géorgiens évoluaient à l'étranger, je me suis organisé pour voir tous leurs matchs. La barrière de la langue n'était pas un problème.

Mais la question intéressait tout le monde, y compris au sommet de l'État. Quand Mikheil Saakachvili nous rendra visite à l'issue d'un entraînement dans un geste amical et de soutien, il me demandera :

— Mais comment vous leur parlez ?

Il me posera la question dans un excellent français qu'il a appris pendant ses études dans notre pays. C'était un francophile et il me connaissait comme joueur. Mon parcours d'international en équipe de France me servait en quelque sorte de carte de visite. Mon adjoint était bilingue, beaucoup de joueurs parlaient anglais, je m'exprimais en français, il n'y a jamais eu ni malentendu ni quiproquo.

Nous préparions les éliminatoires de la Coupe du monde 2006 dans une poule très relevée avec la Turquie, l'Ukraine, le Danemark, la Grèce, le Kazakhstan et l'Albanie. Sept équipes, un qualifié. Nous n'avions aucune chance de terminer premiers. Je passais mon temps au téléphone avec les joueurs, je les observais directement ou par écran interposé, je récoltais les informations les concernant avec leurs entraîneurs de club.

L'entraîneur est un homme de terrain permanent. Le sélectionneur est un homme de terrain une semaine par mois. Le reste du temps est consacré à de la préparation, de l'observation, de l'écoute, du renseignement. J'ai trouvé mes repères et j'ai découvert que ce métier me plaisait. À la fin des éliminatoires du Mondial 2006, le président de la Fédération géorgienne de football m'a reçu et m'a dit :

— Nous arrêtons là parce que vous n'avez pas réussi à qualifier la Géorgie.

Elle ne pouvait pas se qualifier. Il était dommage de prendre un prétexte pour enrober une décision plus politique que technique. Mais ce n'était pas grave. Je n'oublierai jamais mon passage dans ce pays. Il a été fondateur et essentiel pour mon autre vie, celle de sélectionneur, que je mène depuis plus de quinze ans.

Après Tbilissi, je suis rentré à Toulouse, où je m'étais installé depuis mon départ du PSG. L'idée de continuer en sélection me trottait dans la tête. L'expérience géorgienne m'avait séduit. Je savais que ni l'Espagne, ni l'Angleterre ou l'Allemagne ne me contacteraient mais cela ne me dérangeait pas. Le Gabon s'est présenté à moi et Michel Platini a encore été dans le coup.

Il m'a permis de rencontrer à Paris le président de la Fédération gabonaise. Je me suis installé à Libreville. J'ai signé d'abord un premier contrat de deux ans. En Géorgie, ça marchait comme en France, avec moins de moyens. Il y avait une Fédération et pour la sélection, un intendant-manager qui s'occupait de la logistique, des convocations, des déplacements en accord avec le sélectionneur. À Libreville j'ai d'abord visité la Fédération. Il y avait des téléphones dans les bureaux mais pas d'Internet, pas d'ordinateur, pas de fax, rien. Je me suis renseigné sur les équipements. On m'a présenté une pile de maillots jaunes, une pile de maillots bleus et quelques ballons. C'était tout.

En Afrique, les Fédérations possèdent peu de moyens financiers. Le financement du sport vient de l'État, à 95 %. La Fédération établit un devis pour les déplacements, les hôtels, les primes, les avions, toute la logistique nécessaire, le soumet au ministère des Sports qui le valide et paie les factures. Il vaut mieux que la Fédération et le ministère s'entendent bien.

Mon job consistait donc autant à m'adresser au dirigeant du football qu'au représentant politique. Organiser un match amical de préparation ? Il fallait demander au responsable financier de l'État détaché auprès du ministère des Sports. Je découvrais ce fonctionnement. J'y suis allé à fond, rien ne m'a détourné de mon envie de bien faire, de répondre à l'attente que l'on avait placée en moi.

Je me suis alors lancé dans la recherche d'équipements. Des shorts, des maillots, des chaussettes, des chaussures, des ballons, c'était quand même utile pour s'entraîner et jouer au football ! J'ai rencontré à Paris les équipes d'Airness, la marque lancée par le Malien Malamine Koné. Nous sommes tombés d'accord mais l'équipementier m'a prévenu :

— Nous vous enverrons la dotation pour chaque match, match après match. Si on envoie l'ensemble pour toute la saison, cela peut disparaître.

Je lui ai dit de tout envoyer à Libreville au siège de la Fédération et que j'allais m'en occuper comme on surveille le lait sur le feu.

La Fédération gabonaise était spartiate, il n'y avait pas assez de place pour entasser les cartons d'habits et de ballons. Je les ai stockés chez moi, dans mon appartement. Comme ça, j'en avais la maîtrise et pouvais m'assurer qu'il n'y aurait pas de vol. L'instance était tellement petite que je travaillais depuis chez moi, dans mon bureau.

Les équipements d'Airness s'entassaient au fur et à mesure. Il y en a eu bientôt partout dans mon domicile. Je ne pouvais plus bouger à l'intérieur de chez moi ! J'ai dit à Charly Oniangué Ngolen, l'intendant de la Fédération, avec qui je passais les commandes :

— Je ne peux plus rien stocker, je vais étouffer !

Heureusement, la vie d'expatrié est une vie d'entraide. Au Gabon, beaucoup d'industries françaises sont installées.

Lors de soirées à Libreville, j'ai fini par rencontrer pas mal d'entrepreneurs français qui me disaient toujours :

— Si tu as des besoins, nous sommes là, n'hésite pas.

J'ai demandé alors un container au responsable d'une société de matériel d'entretien pour l'exploitation du manganèse. Oui, un container ! La mère de Charly vivait en périphérie de Libreville dans une petite maison mais avec de l'espace autour. Je me suis dit : « Nous allons installer le container dans son jardin. Il nous servira en quelque sorte de magasin d'équipement ! »

La société a fait venir une grue roulante de quatorze mètres pour poser le container et pendant des jours et des jours, j'ai déménagé les cartons de mon appartement au domicile de la mère de l'intendant de la Fédération gabonaise, qui en gardait la clé. Quand j'ai quitté le Gabon, la Fédération n'avait toujours pas assez de place pour récupérer le matériel d'Airness. Je me suis arrangé et je leur ai laissé le container, toujours dans le jardin de la maman. Quand je retourne au Gabon, je dis aux copains :

— Je vais voir mon container.

Il est toujours là, il ne bouge pas !

J'ai découvert le professionnalisme artisanal. Il n'y avait pas Internet à la Fédération mais il fallait bien convoquer les joueurs et leur faire savoir qu'ils étaient retenus en sélection. Je donnais ma liste à une secrétaire de la Fédération qui tapait une à une les convocations et les imprimait. Avec la vingtaine de feuilles, je me rendais dans un *business center* de Libreville et les faxais aux clubs des joueurs sélectionnés. Les convoquer, c'était une première étape.

Il fallait aussi les regrouper au Gabon. À cette époque, peu de joueurs évoluaient hors du pays. Avec mon adjoint, Raphaël Nzamba Nzamba, nous nous rendions le week-end sur les terrains pour superviser les futurs sélectionnés. À nous deux, nous assistions à au moins sept matchs du championnat local. Quand je suis devenu sélectionneur du Sénégal, l'ensemble des joueurs pratiquaient en Europe. Vingt-trois billets d'avion à éditer. J'allais dans une agence de voyages, j'y passais trois heures et j'organisais chaque séjour. Sélectionneur du Mali, j'envoyais chaque convocation dans la langue du pays dans lequel le joueur disputait son championnat : un modèle en français, un en anglais, en allemand, en italien, en portugais. J'avais le souci du détail. Surtout, je voulais éliminer tous les problèmes. Le joueur retenu en équipe nationale ne devait avoir qu'un seul souci : le football. Il ne devait penser qu'au jeu, qu'à la tactique, pas s'embarrasser de questions d'intendance, de logistique, de billet d'avion, de planning, de rendez-vous compliqués.

Au Gabon, j'ai mis en place toute une organisation, du fait-main et du fait-maison, que je n'avais jamais imaginée. Mais il n'y avait pas d'autre méthode : sinon, c'est vite l'anarchie, la désorganisation et la multiplication des soucis.

Construire une sélection est déjà un job singulier, souvent difficile : créer une âme autour d'un projet commun, même avec l'amour de la patrie, ne s'effectue pas d'un claquement de doigts. Je voulais que les joueurs se concentrent sur le ballon, soient dans les meilleures conditions possibles et retrouvent en sélection le cadre professionnel qu'ils connaissaient dans leur club.

Je pense que j'ai réussi à mettre en place un fonctionnement rigoureux parce que j'ai reçu en retour l'adhésion totale des joueurs, de la Fédération et du ministère des Sports. Une chaîne de solidarité s'est vite créée, me permettant de gagner du temps. Le Gabon restera comme ma plus belle école d'apprentissage du football africain. J'y ai tout appris et tout ce que j'ai appris m'a énormément servi après, au Mali comme au Sénégal. Ce bagage m'a permis de rester quinze ans en Afrique, avec quelques interruptions.

J'ai une si bonne relation avec le financier de l'État que le problème des primes en sélection n'en sera jamais un. Quand le rassemblement avait lieu, il me demandait de signer une décharge ainsi qu'à Raphaël, me donnait l'argent en liquide et je le distribuais de la main à la main aux joueurs. La prime de sélection s'élevait à 500 000 francs CFA, soit environ 750 euros. La prime de victoire était dans les 2 300 euros.

Au Gabon, je suis tombé ainsi sur des gens sérieux, fiables, d'une extrême gentillesse, et des joueurs à l'état d'esprit remarquable. Ça marchait parce que mes internationaux ont montré une mentalité exceptionnelle. Organiser des matchs amicaux de préparation, obtenir des équipements, les convoquer en bonne et due forme : ils voyaient mon implication avec une sélection qui végétait au fin fond du classement mondial de la FIFA.

Je me battais pour eux, je débloquais des situations, je nouais des contacts et ainsi plusieurs Gabonais ont pu rejoindre le championnat de France ou de Géorgie, avec le réseau que je m'étais construit là-bas.

Les joueurs envoyaient leurs primes à leur famille. J'ai découvert leur importance en Afrique : ils vivent regroupés avec un esprit de solidarité que les Européens ne connaissent pas. J'ai rencontré certaines familles parce que je participais sur place aux mariages de mes joueurs, aux baptêmes de leurs enfants, malheureusement à des enterrements aussi. Aller à toutes ces cérémonies me semblait normal.

En tant que sélectionneur du Gabon, j'ai été confronté également à un épineux dossier : les joueurs binationaux, nés dans un autre pays. Ma première démarche a consisté à convaincre Pierre-Emerick Aubameyang. J'ai connu son père, Pierre Aubame, à Toulouse lorsqu'il y jouait et que moi, j'étais directeur sportif. Le petit Pierre-Emerick a sauté sur mes genoux à l'âge de 5 ans. Il est né à Laval de parents gabonais. Il pouvait donc nous rejoindre en sélection.

En France, on me reprochera de vouloir le prendre, affirmant que moi, l'ancien international français, j'arrachais des joueurs à l'équipe de France. Mais moi, j'étais légaliste, je me battais pour le Gabon, pour ses couleurs. C'était le Gabon qui m'employait. Je l'ai dit d'emblée aux joueurs lors de notre premier rassemblement à Narbonne pour un match amical contre l'Algérie à Aix-en-Provence :

— Ce n'est pas mon pays mais le vôtre. Mais je le respecte et je ferai tout pour que votre équipe nationale soit à la hauteur.

Nous étions en 2008, Pierre-Emerick venait d'avoir 18 ans, il jouait pour Dijon, alors en Ligue 2. Je suis allé le voir. Au début, il choisira l'équipe de France Espoirs avant de changer d'avis. Son père était mon allié. Il a été international gabonais et appartenait à la dernière équipe à avoir participé à la Coupe d'Afrique des nations en 1996. À force de discussions avec lui, Pierre a fini par convaincre son fils.

Pour son premier match avec la sélection gabonaise, Pierre-Emerick nous a fait gagner contre le Maroc en éliminatoires de la Coupe du monde 2010. Cela changeait pas mal de choses de l'avoir avec nous. Avant qu'il nous rejoigne, la sélection se comportait déjà de manière remarquable. J'avais une équipe dont la force était son mental. Les gars donnaient tout ! Je leur aurais demandé de sauter de la tour Eiffel, ils l'auraient fait ! Une abnégation totale, un courage monstrueux, des hommes pour qui je garde une affection intacte.

Lors des éliminatoires de la CAN 2008, nous avons battu deux fois Madagascar, nous avons perdu et obtenu le nul contre la Côte d'Ivoire, entraînée par Uli Stielike. Une vieille connaissance ! 1982, demi-finale de Coupe du monde. Il avait raté son tir au but lors de la séance. J'aurais voulu qu'il pleure comme à Séville ! Mais je ne l'ai pas battu.

Nous voilà nantis de sept points et il nous restait encore à rencontrer Djibouti, qui a déclaré forfait. Honnêtement, nous aurions pu prendre six points contre Djibouti. Nous en aurions eu treize en tout, un total suffisant pour terminer au moins à la deuxième place du groupe. Dans chaque poule, il y avait un qualifié pour le CAN et les meilleurs deuxièmes étaient qualifiés également. Au lieu de nous donner les six points du forfait de Djibouti, la Confédération africaine de football nous a laissés à sept points mais a attribué ceux pris par les autres sélections contre Djibouti.

Nous ne nous sommes pas qualifiés pour la CAN 2008, c'était impossible compte tenu de cette décision injuste. Le ministre des Sports m'a convoqué à l'issue de cette campagne éliminatoire. Je craignais le pire mais le ministre m'a dit, alors que mon contrat de deux ans arrivait à son terme :

— Alain, c'est bien ce que vous faites. Votre travail est remarquable. Il faut continuer.

C'était quand même rare de tomber sur des gens pareils.

Nous étions en train de progresser de match en match et l'État m'a laissé le temps de continuer à construire malgré la non-participation à la CAN 2008. Je dis chapeau ! La campagne de qualification pour la CAN 2010 nous opposait d'abord au Ghana, à la Libye et au Lesotho. Nous sommes sortis de ce groupe avec le Ghana.

Deuxième tour de qualification contre le Cameroun, le Togo et le Maroc. Les deux premiers disputaient la CAN, le premier se qualifiait en plus pour la Coupe du monde 2010. Le groupe était donc relevé. D'un côté, le Gabon qui n'avait plus participé à un tournoi depuis 1996, de l'autre, trois sélections qui avaient disputé au moins une Coupe du monde.

Nous avons gagné d'abord contre le Maroc. Match suivant, le Togo à domicile. Les dirigeants de la Fédération m'ont convoqué et m'ont intimé l'ordre de jouer en… vert ! Nos couleurs, c'étaient le jaune pour le maillot, le bleu pour le short et les chaussettes. Ils avaient vu un marabout qui avait prédit la victoire à l'équipe habillée en vert ! On m'a alors apporté un sac d'équipements totalement verts dans ma chambre d'hôtel. J'ai dit à mon intendant :

— Laisse tomber cette histoire, on joue avec nos couleurs habituelles.

Nous sommes arrivés au stade et le Togo avait prévu de jouer en jaune ! Il ne pouvait pas y avoir deux équipes de la même couleur. Le Togo s'est rabattu sur une tunique de rechange et a enfilé des maillots… verts ! Mes dirigeants se sont décomposés. Ils pensaient que le Togo s'était drapé dans la couleur de la victoire. Résultat ? Nous l'avons emporté, 3-0. Après la rencontre, j'ai cherché mes dirigeants et je leur ai lancé avec le sourire :

— Oh, le marabout, il n'est pas daltonien ?

Nous sommes partis superviser le Cameroun, qui recevait le Maroc. À ce moment-là, les Lions indomptables n'étaient pas dans leur assiette, avec une équipe totalement désorganisée qui avait fait 0-0 contre le Maroc. C'était vraiment jouable pour nous. Nous devions les recevoir trois jours plus tard. Nous sommes revenus et quand nous avons atterri, nous avons appris la mort du président Omar Bongo sur les télévisions à l'aéroport. Un mois de deuil national a été décrété. Match contre le Cameroun reporté.

Entre-temps, le Cameroun a changé de sélectionneur en nommant Paul Le Guen et s'est refait la cerise. Il nous a battus deux fois mais nous sommes parvenus à nous qualifier pour la CAN 2010 en Angola, pas pour le Mondial.

Cameroun, Zambie, Tunisie étaient nos adversaires à la CAN. La Tunisie a fini dernière de la poule. Les autres étaient toutes à quatre points et nous avons été éliminés non pas à la différence de buts – les trois étaient à zéro – mais au nombre de buts inscrits. Cinq pour la Zambie et le Cameroun, deux pour nous.

Cette fois, mon contrat n'a pas été reconduit. Le Gabon a estimé que j'étais arrivé au bout d'un cycle. C'était dommage. Je me suis bien battu pendant quatre ans. J'ai construit une équipe et les Gabonais parlent encore de mon passage parmi eux quand j'y retourne. La sélection est quand même passée lors de mon mandat de la cent vingt-cinquième place au classement mondial de la FIFA à la trentième place, rang auquel elle est restée pendant trois mois avant de redescendre à la trente-cinquième place, ce qui reste une performance. Nous étions alors la troisième nation africaine dans le classement mondial. Je crois que j'ai laissé des bons souvenirs. J'aurais bien continué deux ans de plus, surtout avec la perspective de la CAN 2012, coorganisée par le Gabon.

Avant que je ne quitte le pays, le ministre des Sports m'a informé qu'Ali Bongo, qui avait pris la succession de son père, voulait me recevoir au palais présidentiel. Je l'avais rencontré une première fois en 2006 quand il était ministre de la Défense. C'était un sportif, grand amateur de foot, et qui possédait chez lui un petit terrain de foot où il jouait. Ali Bongo m'a accueilli et m'a dit :

— Alain, je vous décorerai pour la fête nationale.

Nous étions en février, la fête nationale avait lieu le 17 août. J'ai pensé à une parole en l'air. En juillet, alors que je venais de reprendre la sélection du Mali, le ministre des Sports gabonais m'a appelé :

— Alain, vous n'avez pas oublié ? Le Président veut vous décorer. Nous vous organisons le déplacement.

Le 17 août 2010, j'ai reçu l'Ordre national du mérite gabonais après le défilé militaire sur la plus grande artère de Libreville.

Quand j'y retourne, j'arbore la décoration et le ruban. J'en suis fier ! J'ai tellement aimé vivre là-bas, tellement aimé les gens que j'y ai rencontrés, les joueurs que j'ai coachés. En Afrique, on va continuer à le découvrir, j'ai traversé beaucoup de moments marquants, uniques, en foot comme dans les à-côtés. Mais rien n'est comparable à la première fois, et cette première fois, au Gabon, conserve toujours aujourd'hui un goût particulier. Je pars mais je ne laisse pas une terre brûlée derrière moi. Mon héritage, c'est une organisation, une équipe compétitive, des fondations. Tiens, tiens, le monde est petit : voilà que Gernot Rohr, mon garde du corps pour le moins viril du Bordeaux-Marseille en 1987, me succède à la tête de la sélection. Moi, un autre défi m'attend.

# 10

## L'Afrique, c'est chic

Lors de mon premier rassemblement avec le Mali en 2010, les joueurs ont testé mes limites. Cela se passe toujours comme ça quand un entraîneur débarque dans une équipe. Le groupe le sonde, cherche à situer le curseur de son autorité et à voir jusqu'où s'étend son pouvoir.

Premier repas en commun. Table pour les joueurs, table pour le staff. Le déjeuner a commencé et Mahamadou « Djila » Diarra, l'ancien milieu de terrain de Lyon, à l'époque au Real Madrid, était assis au centre de la table. C'était alors le capitaine et la star de l'effectif et même à table, chaque emplacement est calculé en fonction de son aura et du poids dans l'équipe. Le joueur le plus connu, le plus emblématique, ne se mettait pas en bout de table, caché par les autres. Mahamadou était un joueur généreux, plein d'entrain et de dynamisme, parfois débordant.

Le jour de ma prise de fonction, en juin 2010, il m'a interpellé.

— Coach, où sont les jus ?

Le temps s'est figé. Le groupe s'est arrêté de manger. Il y avait une tension, plus un bruit de fourchette, les joueurs attendaient ma réponse. Qui allait remporter le match, ce ping-pong virtuel que Djila avait lancé : le joueur ? le coach ? Les jus, c'étaient les sodas, comme le Coca-Cola ou le Fanta, des boissons très sucrées, pas du tout recommandées pour les sportifs.

— Il n'y en a pas. Les jus ne sont pas conseillés. Vous avez de l'eau, c'est votre unique boisson.

C'était le début de ma réponse. Le « vous avez de l'eau » ne me paraissait pas suffisant, un peu court pour faire passer le message et asseoir mon autorité que visiblement il cherchait à titiller.

J'ai repris :

— Djila, au Real Madrid, avec José Mourinho, vous avez des jus à table ? Non ! Alors pourquoi tu voudrais qu'il y en ait en équipe nationale ?

Je restais dans mes principes professionnels d'autant que je savais que quand ils reviennent dans leur pays, ils considèrent qu'une forme de relâchement est possible. Absolument pas ! C'était moi qui avais raison, pas eux !

Mais Djila n'a pas lâché. Il avait vraiment décidé d'aller au bout du bout du test. Ses partenaires le regardaient, ils n'avaient toujours pas repris leurs couverts, attentifs à ce match dans le match que je me devais de gagner. Si je me dégonflais maintenant…

— Mais coach, quelquefois, à la veille des matchs, Mourinho accepte qu'on prenne un verre de vin.

Là, je me suis levé et je me suis approché de leur table.

— Ah, OK ! Pas de problème !

Je les ai regardés, les yeux dans les yeux :

— Qui veut du vin ?

Un silence de mort. Personne évidemment ! Djila ne pensait pas que j'allais accepter. Il était pris à son propre piège et moi, j'avais réussi à montrer qu'il y avait une ligne blanche qu'il était interdit de franchir.

J'ai signé deux ans pour entraîner le Mali. Mon passage au Gabon m'avait permis de lancer ma carrière sur le continent. Il m'avait donné une certaine légitimité et ouvert de nouvelles perspectives. Cette fois-ci, pas besoin de Michel Platini. Le vice-président de la Fédération malienne de football m'a appelé, nous nous sommes rencontrés à Paris et l'affaire s'est réglée très vite. Quand la nouvelle s'est répandue, Jean Tigana m'a appelé. Nous avons eu une conversation drolatique.

— Tu prends le Mali, Gigi ? Tu aurais pu me le dire ! Je suis né à Bamako, le Mali, c'est mon pays, tu le sais quand même.

— Dis donc, Jean, tu ne viens pas de signer aux Girondins comme entraîneur ? C'est mon club à moi, tu aurais pu me le dire, tu le sais quand même !

1-1, balle au centre !

À la Fédération, je disposais d'un bureau, d'un ordinateur et d'Internet. C'était plus structuré qu'au Gabon. J'ai demandé à Malamine Koné, le patron d'Airness, qui est malien, de poursuivre l'aventure. Il a sauté de joie et a bien évidemment accepté. Cette fois-ci, plus besoin que mon appartement serve de réserve pour les équipements, il y avait des magasins pour stocker le matériel envoyé par Airness. Tout était plus fluide qu'au Gabon, moins artisanal. Mais je conservais mon rôle d'agent de voyages ! Je tenais à ce que les joueurs n'aient aucun problème pour nous rejoindre, d'autant que je me retrouvais avec énormément d'expatriés. Les Maliens évoluent tous en Europe ou presque. D'ailleurs, j'organisais les matchs amicaux sur le Vieux Continent pour faciliter leurs déplacements et me montrer compréhensif avec les clubs.

Ceux-ci préfèrent toujours un court déplacement à un long voyage. Le sélectionneur doit toujours jongler entre les clubs et l'équipe nationale, se montrer ouvert tout en mettant ses internationaux dans les meilleures conditions pour réussir en sélection. Les clubs, spécialement avec les internationaux africains, sont toujours hésitants et méfiants à les libérer. Ils ne rechignent pas à exercer une pression psychologique pour les empêcher de rejoindre la formation de leur pays. Certains clubs, notamment un très grand en Angleterre, donnent des primes à leurs joueurs africains s'ils refusent une convocation en sélection ! Forcément, le joueur hésite. Il faut tenir bon mais montrer de la souplesse et de la simplicité dans l'organisation pour les rassurer. Un bras de fer permanent. Dans l'absolu, clubs et sélections n'ont pas les mêmes intérêts. L'employeur a toujours peur que son international se blesse, se demande quelles sont les conditions de jeu en Afrique, quelle est la prise en charge médicale. Ils ont besoin d'être rassurés quand le dialogue est possible.

Convaincre les joueurs n'est déjà pas toujours simple. Le Mali sortait d'une élimination au premier tour de la CAN 2010 en Angola. Au Gabon, je devais construire une équipe. Au Mali, il s'agissait de reconstruire, il existait une base avec des joueurs de grand talent, Seydou Keita, Mahamadou « Djila » Diarra, Frédéric Kanouté, Oumar Sissoko, etc. Certains étaient traumatisés, comme Seydou Keita, alors à Barcelone. Il hésitait à revenir en sélection. Au début de mon mandat, il a refusé de nous rejoindre d'ailleurs, encore trop marqué par la débandade de sa sélection. Il changera d'avis quelques mois plus tard, au cours des éliminatoires de la CAN 2012. Bakary Sako, le milieu de terrain de Saint-Étienne, m'intéressait. Je l'ai appelé. Il a décliné ma proposition. Il se laissait encore la possibilité de rejoindre l'équipe de France. Je ne pouvais pas le forcer. J'ai rencontré Ousmane Coulibaly, l'arrière droit de Brest. Lui était chaud pour rejoindre l'équipe du Mali pour la première fois.

— Tu connais Bamako ? Tu as dû venir en vacances pour voir ta famille ?

Il m'a répondu :

— Non, jamais !

La première fois, je suis allé le chercher à l'aéroport avec ma voiture et là, je lui ai montré la capitale. Il découvrait les rues, les gens, l'architecture, les odeurs, la vie sur place ! Il était né à Paris, il avait 20 ans et il découvrait l'Afrique pour la première fois dans un choc des cultures saisissant ! Je connaissais mieux son pays que lui.

Au Mali, la population était méritante. Les températures dépassaient allègrement les 40 degrés, la chaleur était accablante mais le quotidien était charmant pour les étrangers. Pour les locaux, la vie était dure. Moi, évidemment, je n'avais pas à me plaindre. C'était très touristique avec une multitude d'hôtels agréables à vivre avec des piscines, des golfs, des endroits récréatifs. Il y avait des mobylettes partout, appelées les jakarta, et pour circuler, c'était un véritable gymkhana. Au stade, ils venaient tous en jakarta, exactement le même modèle pour tout le monde. Il y en avait des milliers et je me demandais toujours comment ils faisaient pour reconnaître la leur.

Lors de chacune de mes expériences de sélectionneur, je me suis installé sur place et j'ai choisi un premier adjoint local. Mon second, c'était d'abord Cheik Diallo, ancien joueur de Metz notamment, puis Amadou Diallo, que tout le monde surnommait « Pathé », un ancien milieu de terrain, international malien dans les années 1990. Il deviendra mon ami, mon grand ami. Il appartient désormais à ma famille ! Il est même venu au mariage de l'un de mes fils. L'un de mes successeurs, au Gabon, ne vivait pas sur place et revenait au pays en même temps que les joueurs qu'il avait convoqués. On ne peut pas être sélectionneur à distance, sans connaître profondément la mentalité d'un pays. Ce que j'aimais aussi dans cette fonction, c'était m'impliquer dans la vie locale, découvrir de nouveaux territoires, partager avec des gens d'une autre culture que la mienne, d'une autre religion. J'étais un Français, catholique, aux origines modestes et populaires. Au Mali, j'ai participé à la fête du Mouton, à l'Aïd, je mangeais le thiéboudiène, le riz au poisson, un plat sénégalais très prisé à Bamako, préparé avec du capitaine. Mes papilles découvraient sans cesse de nouveaux mets en Afrique. Dans le parc d'un hôtel au Gabon, nous sommes tombés sur un python, nous l'avons mangé ! C'était spongieux. Le crocodile avait un goût de poisson ; l'antilope ressemblait au gibier sauvage français, c'était fort au palais. Au Sénégal, le thiof était un poisson délicieux, qui m'a rappelé la daurade. À Dakar, les poissons passaient de la mer à mon assiette. Quand je débarque aujourd'hui au Sénégal, mon adjoint vient me chercher à l'aéroport et me dit toujours :

— Coach, le thiof est prêt.

Badigeonné avec de l'huile et une sauce locale à tomber par terre, servi avec du riz même s'il se savoure aussi sans rien. J'adore cette vie !

Je l'aimais d'autant plus que j'y retrouvais de vieilles connaissances, des hommes qui ont peuplé mon enfance, des héros de mon quotidien de jeune footballeur. Quand j'avais débuté aux Girondins à 12 ans, nous étions entraînés par les pros de l'effectif de Bordeaux. À l'époque, il n'y avait pas de formateurs ou d'éducateurs. Chaque semaine, ça tournait, de sorte que tous les joueurs pros finissaient par nous coacher.

Un jour, on nous avait désigné Karounga Keïta, un ailier malien du Bordeaux des années 1960. Il avait dirigé la séance de manière plus ludique et enjouée que les autres. Nous, les pupilles, l'avions immédiatement adopté et le feeling passait totalement entre lui et nous. Il semblait prendre un plaisir de dingue à nous enseigner les gammes et nous, c'était le prof que l'on préférait. Ainsi, chaque jeudi, nous ne nous laissions plus imposer un joueur au hasard, nous réclamions, nous exigions même, Karounga Keïta, notre formateur adoré. Je l'avais ensuite retrouvé au début de mon cursus de joueur en équipe réserve. Lui finissait sa carrière aux Girondins en 1970. Mais surtout, je suis retombé sur lui au Mali en 2010, plus de quarante ans plus tard. Je parcourais Bamako pour superviser les joueurs du championnat malien et je visitais Djoliba, le deuxième plus grand club du pays. Et qui était son président ? Karounga Keïta ! Même si nous nous étions déjà recroisés à Bordeaux, nos retrouvailles dans son pays natal ont alors pris une saveur particulière, à l'intensité décuplée. À Djoliba, j'ai dit alors aux salariés du club, ravi comme jamais :

— Vous ne pouvez pas comprendre ce que Karounga représente pour moi !

Si j'en étais là, c'était un peu grâce à lui.

Je supervisais des joueurs parce que la compétition approchait. Qualifiés pour la CAN 2012 organisée conjointement au Gabon et en Guinée équatoriale en janvier et février, nous affrontions le Ghana, la Guinée et le Botswana. Je savais par expérience qu'il valait mieux se préparer à l'extérieur du pays pour une meilleure concentration. Les Africains sont des fous de foot, la ferveur est absolue, les familles sont très présentes. Pour éviter la dispersion et cet amour parfois débordant, un séjour hors du Mali me semblait approprié. J'avais emmené la sélection du Gabon en Afrique du Sud, pour échapper à l'effervescence de Libreville. Je m'en suis ouvert au ministre des Sports malien. Il était réticent. L'idée ne lui plaisait pas. Quand on est sélectionneur, les accès sont facilités.

— Vous êtes le deuxième personnage de l'État, me disait-on en permanence dans les rues de Bamako, où les gens me reconnaissaient.

Le football, ici, c'était sérieux. Fort de ce pouvoir, j'ai sollicité un rendez-vous avec Amadou

Toumani Touré, le président de la République. Je suis arrivé au Palais, il m'a reçu dans un petit salon et je lui ai exposé mon programme de préparation pour la CAN 2012. Je lui ai demandé si nous pouvions envisager de nous délocaliser au Togo avant de rejoindre le Gabon et la Guinée équatoriale pour la compétition. Il s'est levé, a pris son téléphone et a joint devant moi le ministre des Sports.

— Suivez les recommandations de M. Giresse, lui a-t-il dit.

Nous nous sommes préparés à Lomé, au Togo, et Air Mali nous a ensuite emmenés à Franceville au Gabon, où nous avons installé notre camp de base. Le commandant de bord sur Air Mali était bordelais, un heureux présage ! Je suis un fou d'aviation et il m'a accueilli dans le cockpit pour le décollage et l'atterrissage. Ce n'était pas ma première expérience de ce type mais c'est chaque fois impressionnant.

Nous sommes sortis de la poule avec le Ghana et nous sommes tombés sur… le Gabon de Gernot Rohr ! Quart de finale à Libreville. Cela faisait beaucoup de vieilles connaissances en même temps, certaines plus agréables que d'autres. Match nul 1-1, tirs au but. Nous avons inscrit nos cinq penalties et Soumaila Diakité a stoppé celui de Pierre-Emerick Aubameyang. Le Mali attendait cette demi-finale depuis 2004 ! Beaucoup de Maliens vivaient au Gabon, la joie était indescriptible, irréelle, absolue. Seydou Keita m'a sauté dessus sur la pelouse. Ce n'était pourtant pas le garçon le plus expansif de la terre. Il était même très timide, tout en mesure, toujours sur la réserve. Il était défiguré par le bonheur.

— Qu'est-ce que je suis heureux, coach !!! Mais heureux !!! Est-ce que vous me permettez d'inviter à manger toute l'équipe, tout le staff ici à Libreville ? C'est moi qui paie, je suis trop content !

— Bien sûr Seydou ! Je connais un bon restaurant en bord de mer avec des palmiers.

Nous avons fêté dignement cette qualification. Mais sur le terrain et dans les tribunes, il n'y avait pas que le soulagement du peuple malien. Les Gabonais étaient complètement détruits. Nous étions chez eux et je savais à quel point c'était dur. J'avais été leur sélectionneur pendant quatre ans, nous avions vécu ensemble des moments magiques alors que nous partions de zéro. Je ne pouvais pas rester indifférent. Je les ai consolés, un par un, dans mes bras. J'étais le vainqueur mais j'ai passé autant de temps avec les vaincus. Drôle de sentiment. J'étais déchiré, évidemment très heureux et en même temps affecté.

Le Gabon m'a ouvert les portes de l'Afrique et l'Afrique faisait partie intégrante de ma vie désormais. En demi-finale, la marche était haute : nous étions opposés à la Côte d'Ivoire de Didier Drogba, qui a gagné 1-0 malgré une seconde période animée de notre part, avec pas mal d'occasions. Le 11 février 2012, nous avons disputé le match de la troisième place à Malabo, en Guinée équatoriale, et nous avons encore battu (2-0) le Ghana, déjà affronté en phase de poules au début du tournoi. Après une élimination au premier tour lors de la CAN 2010, le Mali revivait avec ce podium, deux ans plus tard, la meilleure performance de son histoire après la finale en 1972. Depuis quarante ans, il avait disputé d'autres finales pour la troisième place de l'épreuve mais ne les avait jamais remportées. La liesse était totale, une frénésie dansante s'est emparée de toute l'équipe et nous voilà sur la pelouse du Nuevo Estadio de Malabo à entamer le zimbo, une danse malienne qui s'exécute autant avec les jambes qu'avec les bras. Je me suis vite adapté, ayant un certain sens de la cadence, au milieu de mes joueurs. Au Mali, les gens diront :

— Notre coach, c'est celui qui danse !

Le lendemain, l'avion d'Air Mali nous attendait. Avec le même pilote. Je suis monté et j'ai lancé à mes troupes :

— Les gars, nous sommes tranquilles : un Bordelais dirige l'équipe, et un Bordelais conduit l'avion ! Ne vous inquiétez pas, nous avons tout en main !

Nous sommes arrivés à Bamako à 21 heures et là, je suis tombé sur une scène que je n'avais jamais vue de ma vie. Des milliers et des milliers de personnes nous attendaient à l'aéroport. Nous étions célébrés en héros de la Nation. Les jakarta étaient de sortie, il y en avait partout, partout, partout. C'était fantastique ! Elles ont escorté notre bus jusqu'au stade Modibo-Keïta, où plus de trente mille personnes se massaient dans l'espoir de nous voir. Nous sommes descendus du bus en chantant, en dansant et nous sommes entrés sur la pelouse tels des night-clubbers enragés sur la piste. Le président de la République était là, nous l'avons rejoint sur des pas de zimbo. C'était la fête, la joie, l'éternel bonheur enfantin de gandins en short ayant le sentiment du devoir accompli. Nous avons dansé toute la nuit dans le stade, dans les restaurants, dans les hôtels, chez moi. Le Mali était une boîte de nuit à ciel ouvert ce soir-là.

Le 13 février, Amadou Toumani Touré a convié toute l'équipe et le staff à une réception au palais présidentiel. Nous étions dans les jardins de la résidence, sous les arbres, à l'ombre. Le moment ressemblait à l'idée que je me faisais du paradis, un mélange de plénitude, de quiétude et de béatitude. Nous baignions dans un bonheur paradisiaque qui n'avait rien d'imaginaire. Tout était réel et c'était l'un des passages les plus forts de ma vie dans le football, d'entraîneur en particulier. Nous étions certes fatigués après cette courte nuit dansante, les discours se sont enchaînés mais nous savourions. Nous savions que nous traversions un instant dont nous nous souviendrions toute notre vie. Le Président m'a enlacé au cours d'une accolade chaleureuse, sincère, profonde. Je lui ai montré alors la fenêtre du salon où il m'avait reçu quelques mois plus tôt :

— Président, vous savez pourquoi nous avons décroché cette troisième place ? Parce que vous m'avez permis de préparer l'équipe dans les conditions que je vous avais soumises.

Après trois semaines de vacances à Toulouse, je suis revenu à Bamako en mars. J'étais dans la rue en train de faire mes courses et j'ai vu soudainement des gens courir dans tous les sens. J'ai tout arrêté, j'ai tenté de ne pas céder à la panique et je suis rapidement rentré chez moi écouter RFI. La radio annonçait des troubles à l'ordre public au Mali. En même temps, j'ai reçu un SMS de l'ambassade de France : « Rentrez chez vous, restez chez vous, n'allez pas en ville en raison de manifestations. » J'ai allumé ma télévision et j'ai regardé France 24. J'ai appris que depuis Kati, à une quinzaine de kilomètres à l'ouest de Bamako, une garnison marchait vers le Palais. Je suis resté scotché devant mon écran, je ne comprenais pas ce qui se passait.

Je logeais à moins de 400 mètres de l'ambassade américaine, je savais que je pouvais courir m'y réfugier si je ne me sentais plus en sécurité. De ma fenêtre, je voyais le palais présidentiel sur la colline. Tout à coup, plus aucune lumière sur le Palais, plus aucune lumière nulle part dans cette nuit troublée. Et là, j'ai entendu des tirs, un feu nourri, assourdissant, ça flinguait dans tous les sens. Tout fermait : les aéroports, les frontières. C'était un coup d'État. Des militaires avaient pénétré dans le Palais et avaient tout cassé et tué le personnel. Amadou Toumani Touré avait disparu mais personne ne savait comment ni où. Pendant plus d'une semaine, ça a été le chaos dans Bamako, il n'y avait plus rien, ni police ni justice, aucune autorité en place, juste des pillages, des émeutes, des voitures détruites. Je suis resté confiné dans mon appartement à bouffer des pâtes et du thon, tout ce qu'il me restait, pendant une dizaine de jours. L'ambassade de France nous avait interdit de sortir, de circuler, de bouger. C'était le premier confinement de ma vie. Malheureusement, il y en aurait d'autres, en 2020.

En bas de mon immeuble, il y avait un petit supermarché. Je n'avais plus d'eau, mon gardien était allé m'en chercher en douce. Même dans les pires moments, la solidarité des Maliens demeurait exemplaire. Je passais mes journées à regarder la télévision, bloqué sur France 24. Je comptais les heures, j'attendais que la situation se tasse, se calme.

Après dix jours d'angoisse et la prise de pouvoir des militaires, l'aéroport a rouvert. Je m'y suis rendu dès qu'il a fonctionné à nouveau, prêt à prendre le premier vol, pour n'importe où. Dans ces moments-là, on fonce un peu tête baissée, davantage guidé par un instinct de survie que par une réflexion posée. J'ai acheté un Bamako-Bruxelles, premier vol disponible. De la capitale belge, j'ai pu regagner mon Sud.

Depuis Toulouse, j'ai continué de me tenir informé grâce à des amis sur place. Je ne savais pas si j'allais pouvoir revenir. Mon contrat se terminait deux mois plus tard. Après un tel bouleversement, on croit toujours que plus rien ne sera jamais pareil. En fait, non. La vie a repris ses droits assez rapidement. Je suis revenu en avril, la Fédération malienne avait rouvert elle aussi. Tout était en place, comme si de rien n'était. Seul Amadou Toumani Touré n'était plus là, exfiltré par les Bérets rouges, l'armée d'élite, opposée au putsch bien sûr. La Fédération m'a appris qu'elle entendait modifier le fonctionnement de l'équipe. Pour mon staff, outre « Pathé », j'avais choisi David Marraud comme entraîneur des gardiens, Raymond Camus à la préparation physique, le kiné Sébastien Bourrel et le docteur Jean-Pierre Boccardo. Cet ancien athlète, coureur de 400 mètres aux jeux Olympiques de 1964 et 1968, était médecin, spécialiste de la chirurgie cardiaque. C'était un ponte. Les dirigeants maliens exigeaient désormais que le médical soit rattaché directement à la Fédération et non plus à moi.

Je ne comprenais pas pourquoi ils cherchaient à rogner sur mes prérogatives, je ne savais pas d'où cette demande sortait. Nous venions de terminer troisièmes de la CAN 2012, meilleur résultat pour le Mali depuis 1972, et on voulait contrôler le staff médical ? Il y avait quelque chose qui m'échappait. La Fédération me faisait-elle payer d'être intervenu directement auprès du président de la République pour obtenir la préparation que je souhaitais ? Peut-être. Reste qu'il y a des gens toxiques partout.

Amadou Toumani Touré était en exil au Sénégal, je ne connaissais plus personne au Palais. Dans ces conditions, j'ai décidé de partir. Mes joueurs sont alors devenus fous de rage. Ils ont mis la pression sur la Fédération malienne pour que je revienne sur ma décision et elle, sur la sienne, à savoir d'être en prise directe avec le secteur médical de la sélection.

J'étais déjà rentré en France quand la Fédération m'a appelé – par la voix de son président, un nouveau, pas celui avec qui j'avais négocié mon arrivée deux ans plus tôt – pour que je revienne discuter à Bamako. J'avais rendu les clés de mon appartement. Je suis revenu au Mali et j'ai pris une chambre à l'hôtel. J'attendais. Un jour. Deux jours. Au troisième jour, coup de fil du président de la Fédération :

— Je suis désolé. Finalement, nous ne pouvons pas vous proposer un nouveau contrat.

Pardon ? J'avais attendu trois jours dans un hôtel des nouvelles et on m'avait fait revenir pour rien, sans prendre la peine de me recevoir ?!

— Ce n'est pas correct ! lui ai-je dit en fulminant.

Là, terminé. Je suis parti. Contrairement à ce que j'entends parfois, aucune fédération ne m'a licencié en Afrique. Je suis allé au bout de mes contrats à chaque fois. Au Gabon, j'ai signé deux ans puis prolongé de deux années supplémentaires. Au Mali, je suis arrivé au terme de mon engagement de deux ans.

Dès juin 2012, des contacts se sont noués avec le Sénégal. En décembre, j'ai rencontré le président de la Fédération sénégalaise, son vice-président, le directeur technique national (DTN). J'ai passé en fait un entretien d'embauche pour la première fois de ma vie d'entraîneur. Nous étions quatre candidats et le cahier des charges était le suivant : parler français et avoir disputé au moins une demi-finale de Coupe d'Afrique des nations. J'ai voulu leur donner plus que ce qu'ils me demandaient, à savoir m'impliquer totalement dans la vie nationale. J'ai toujours aimé ça : parcourir 800 kilomètres en voiture pour aller voir jouer les U17 du pays, suivre les rencontres du championnat local, échanger avec les entraîneurs nationaux des autres catégories d'âge. Je pense qu'ils l'ont senti et j'ai été choisi. Quand j'ai été désigné sélectionneur, le DTN m'a aussi nommé directeur du football d'élite. Je réunissais tous les mois les autres sélectionneurs et nous échangions, nous nous accordions sur les joueurs à prendre dans chaque sélection. Avec Aliou Cissé, coach des Olympiques à l'époque, la discussion était permanente et toujours constructive.

J'ai signé pour deux ans en janvier 2013. Nous ne disputions pas la CAN cette année-là, le Sénégal ne s'était pas qualifié. À la CAN 2012, l'équipe était sortie après trois défaites. Comme avec le Mali, il s'agissait de reconstruire. J'ai fait passer à mon tour quatre entretiens pour choisir un adjoint local. La Fédération était très bien organisée, dirigée par un avocat de talent et un homme chaleureux, Augustin Senghor. Les convocations étaient gérées par une employée très rigoureuse, les équipements étaient nombreux et pour les billets d'avion, les joueurs recevaient une somme forfaitaire. S'il restait de l'argent, ils le gardaient. Mais s'est posée alors la question des internationaux évoluant au Sénégal. Pas de billet d'avion, pas de forfait. J'ai convaincu la Fédération de leur donner une prime de sélection, 750 euros par joueur.

Le seul problème que j'ai rencontré concernait nos installations pour s'entraîner. Le Sénégal ne possédait pas de centre technique. À Saly, au sud de Dakar, il existait l'académie Diambars, dont l'adjoint que j'avais choisi, Pape Boubacar Gadiaga, dirigeait jusqu'alors la formation engagée dans le championnat sénégalais. Il avait connu à l'adolescence le centre de formation à Marseille.

— Coach, vous avez bien joué à Marseille ? Moi aussi, me dit-il. J'étais en formation quand vous avez rejoint l'OM en 1986. Le mercredi, il y avait un match d'entraînement entre les pros et les jeunes et un mercredi vous n'avez pas été sympa avec moi. Vous m'avez fait le coup du sombrero (quand on élimine son adversaire en faisant passer le ballon au-dessus de lui) et tout le monde m'a chambré pendant plusieurs jours au centre !

L'académie Diambars était sublime, bien tenue, bien entretenue, immense, avec de belles pelouses. J'ai calculé le trajet : avec un motard, nous pouvions rallier Dakar depuis Saly en une heure. J'ai trouvé un hôtel à Saly, le Rhino. Hébergement et pension complète, j'entrais parfaitement dans les clous de l'enveloppe mise à disposition par la Fédération. Dernière contrariété, et de taille : le stade Léopold-Sédar-Senghor était suspendu pour un an par la Confédération africaine de football suite à des violences survenues lors de Sénégal-Côte d'Ivoire, en éliminatoires de la CAN 2013, en octobre 2012. Comme il n'y avait pas d'autres stades homologués pour les rencontres internationales, nous devions les disputer à l'étranger, essentiellement au Maroc. C'était un handicap mais nous n'avions pas le choix.

L'organisation était en place, nous pouvions entrer dans la préparation active des qualifications pour la CAN 2015 en Guinée équatoriale et la Coupe du monde 2014 au Brésil. Le potentiel de mon équipe était élevé, plus qu'au Gabon et au Mali. Un jour, lors d'un Zambie-Sénégal amical en France, j'ai aligné onze joueurs en première période, onze autres en seconde et le niveau est resté le même. Je n'ai jamais dirigé une sélection au talent aussi élevé.

Nous affrontions la Côte d'Ivoire en barrage de qualification pour le Mondial 2014. À l'aller, à Abidjan, nous avions perdu (3-1). Au retour, en novembre 2013, nous « recevions » les Éléphants à Casablanca. Nous avons réalisé un match de feu, même si nous avons tardé à ouvrir le score. Nous y sommes parvenus à un quart d'heure de la fin du match. Mais pour la première fois de ma carrière de sélectionneur, j'ai été trahi par mon adjoint.

Le rôle d'un second est essentiel : le sélectionneur est souvent trop dans son monde alors le numéro 2 veille en donnant son avis, en émettant des remarques, en livrant son analyse, en aiguillant. Debout devant mon banc de touche, je n'aimais pas que l'on me parle, j'étais dans mon match. Mais je me rapprochais souvent du staff technique et je disais :

— Je vous écoute.

Après, à moi de faire la synthèse de ce que l'on me disait, de valider ou non.

Ce 16 novembre 2013, Pape Boubacar Gadiaga a effectué un changement de joueur dans mon dos, sans me consulter ni me prévenir. Une folie ! Je n'avais jamais vu cela. À partir de ce jour-là, nos rapports se sont dégradés. Le lien de confiance était rompu. Il ira jusqu'à écrire un rapport sur moi après la CAN, remis au président de la Fédération ! Un grand numéro de dénonciation calomnieuse où il avait inventé que l'on ne pouvait pas parler avec moi, que je prenais les décisions tout seul, sans concertation. La Fédération finira par le licencier. La Côte d'Ivoire, elle, égalisera avec beaucoup de réussite au bout du temps additionnel.

En janvier 2015, la CAN a commencé. Nous étions dans un groupe costaud avec l'Afrique du Sud, très impressionnante techniquement, le Ghana et l'Algérie. Nous avons d'abord battu le Ghana (2-1), qui finira premier de la poule, puis avons fait nul contre l'Afrique du Sud (1-1) et enfin une défaite face à l'Algérie (2-0). Les joueurs n'étaient pas dans l'esprit demandé, l'équipe s'était déréglée et je ne parvenais pas à ranimer la flamme. Il y a eu une sorte de conflit de générations entre les anciens et les nouveaux joueurs. L'unité n'a pas eu lieu, les plus âgés refusant de passer le relais aux jeunes. Dans une phase finale, le moindre grain de sable peut tout faire capoter.

J'étais alors en conflit avec une partie des médias sénégalais depuis presque le début de mon mandat. Je trouvais leurs appréciations malhonnêtes. Ils mettaient en une les joueurs que je ne sélectionnais pas et qui forcément n'étaient pas contents. Ils critiquaient systématiquement mes choix. Quand je réunissais mon groupe, je disais à mes joueurs :

— Vous êtes tous sélectionnés mais c'est dommage pour vous : si vous voulez que l'on parle de vous, il ne faut pas être retenu !

La presse manquait totalement de respect vis-à-vis de ceux que j'avais pris. Je zappais ces journalistes, je ne leur parlais pas quand je les croisais. Ils se sont servis de la conférence de presse d'après-match contre l'Algérie pour régler leurs comptes. Elle était surréaliste. Je me suis fait agresser verbalement dans des proportions inouïes. Leur violence était à la limite de la menace physique ! Il n'y avait aucune question.

— Il faut que tu dégages !

Ils m'ont jeté leur rancœur à la figure. J'étais face à des comportements scandaleux que je n'oublierai jamais. J'ai en mémoire leurs visages.

Quatre ans plus tard, à la CAN 2019, l'équipe de Tunisie dont j'étais devenu le sélectionneur sera éliminée par le Sénégal en demi-finale. En conférence de presse d'après-match, je les ai retrouvés en face de moi, tous ceux qui m'avaient attaqué de manière insupportable. Je les ai regardés et je me suis dit que si l'un d'eux me posait une question, je ne répondrais pas.

Finalement, le meilleur hommage qui m'a été rendu est venu d'Aliou Cissé, le sélectionneur du Sénégal en 2019. Devant les micros, il a dit :

— Je voudrais dédier cette qualification pour la finale de la CAN à Alain parce que cette équipe du Sénégal, c'est lui qui l'a construite, c'est lui qui l'a bâtie. Moi, je l'ai prise après lui mais tout le mérite lui en revient.

Les mêmes journalistes qui me critiquaient quatre ans plus tôt se sont mis à applaudir le discours d'Aliou Cissé et depuis ce jour-là, mes deux ans à la tête du Sénégal sont enfin appréciés à leur juste valeur.

Mon contrat s'achevait après la CAN 2015. J'ai rencontré le président de la Fédération sénégalaise en Guinée équatoriale après notre élimination au premier tour.

— Je suis désolé mais ne me proposez pas de nouveau contrat. Ce sera invivable pour vous comme pour moi, lui ai-je dit.

C'était la meilleure solution, même si j'avais envie de continuer à la tête de cette équipe qui possède un talent au-dessus de la moyenne. La preuve, j'avais pronostiqué que Sadio Mané serait un jour Ballon d'or africain, distinction qu'il finirait par décrocher en 2019. J'étais arrivé à un point de non-retour avec l'environnement, avec mon adjoint, que je ne souhaitais pas revoir. Il n'y avait pas d'issue. Rester, c'était prendre le risque de perdre du temps et de s'user pour rien au détriment du travail de terrain, de l'équipe, du jeu. Je suis parti.

Je recroiserai quelque temps plus tard le président de la Fédération sénégalaise qui m'avouera :

— Alain, vous avez voulu partir. Ce n'est pas moi qui vous l'ai demandé.

Il voulait sûrement me garder. Peut-être un jour, qui sait... Car il peut arriver que l'on revienne à nos anciennes amours.

# 11

## Ma déclaration d'amour

L'expérience sénégalaise m'a secoué. J'avais besoin d'un break. J'ai coupé un peu avant que le vice-président du Mali ne me rappelle, début 2015.

— Ça y est, tu es libre ?

Je suis retourné aussi simplement que cela au Mali, où j'ai signé à nouveau pour deux ans. Je commençais en mars. J'ai eu l'impression de retrouver un endroit que je n'avais jamais quitté. J'ai repris le même appartement, la même voiture. Mon bureau à la Fédération était resté dans son jus, sauf qu'il était plein de poussière. Ma petite imprimante était là, elle n'avait pas bougé non plus. Il fallait juste la rebrancher.

Le pays, lui, était transformé. Nouveau Président, nouveau gouvernement, présence djihadiste, menaces terroristes constantes. C'était une vie de confinement qui bouleversait mon quotidien.

Je voyais davantage mes amis chez eux. Je devais faire attention à tous mes déplacements. La liberté d'aller et venir n'existait quasiment plus. La plupart des accès étaient fermés, les hôtels étaient bunkérisés, avec des garnisons de militaires. Je ne pouvais plus aller au restaurant, trop dangereux. Si je voulais m'asseoir à une table, je choisissais un hôtel où l'on entre par des portiques de sécurité. Évidemment, ce n'était pas marrant mais avions-nous le choix ? Après les attentats de *Charlie Hebdo*, du Bataclan, de Nice, la vie des Français a changé également. Nous devons intégrer cette menace désormais, partout. La globalisation ne touche pas que l'économie dans le monde. Le terrorisme aussi se mondialise.

La génération 2012, celle avec qui nous avions fini troisièmes de la CAN, touchait à sa fin. Il fallait amener au plus haut niveau une nouvelle vague. Les jeunes Maliens portaient plein de promesses. Les internationaux de la catégorie 17 ans et 20 ans avaient terminé respectivement deuxièmes et troisièmes des Coupes du monde de leur catégorie d'âge. Pour les perfectionner, je les ai fait venir en France dans la Ligue de football d'Occitanie, à Castelmaurou, à une dizaine de kilomètres de Toulouse. J'ai même dirigé quelques séances sur place. Petit à petit, j'ai commencé à bien connaître ces deux générations et à les intégrer progressivement à l'équipe nationale même si je savais qu'il n'y avait rien d'automatique. Ce n'est pas parce que vous êtes bon à 17 ou 20 ans que vous devenez un international « A » capable de survivre au très haut niveau.

Au Gabon, la CAN de janvier 2017 nous opposait à l'Égypte, au Ghana et à l'Ouganda. Quand on construit, on construit depuis l'arrière : d'abord la défense, puis le milieu et enfin l'attaque. Il est plus facile d'articuler une animation tactique autour d'une défense et d'un milieu que de mettre en place une animation offensive. Marquer des buts reste toujours ce qu'il y a de plus dur dans ce jeu. Bien défendre, tout le monde peut y arriver en théorie. Trouver les filets adverses demande de l'inspiration, de la créativité, du talent, une part d'inné qui ne se décrète pas.

Pendant la compétition, mon équipe était très organisée, elle a encaissé deux buts en trois rencontres. Mais elle ne marquait pas. Un but, sur coup franc, lors du troisième et dernier match contre l'Ouganda.

L'entraîneur touche là l'une de ses limites : le geste, le contrôle, la passe appartiennent aux joueurs et il ne peut rien y changer, même s'il peut améliorer la technique de chacun par le travail. Mais encore heureux que le terrain appartienne aux joueurs !

Cette CAN s'est mal terminée. Le président de la Fédération a exigé mon départ. Il l'a réclamé dans les médias :

— Il vaut mieux que Giresse démissionne.

Mon contrat se terminait en novembre, nous étions en janvier, je n'avais aucune raison de partir. En fait, j'étais la victime du conflit entre le ministre des Sports, qui souhaitait mon maintien, et le président de la Fédération, qui ne s'entendait pas avec lui et donc prenait systématiquement le contre-pied.

Après la CAN, je suis rentré à Toulouse quelques jours. Le président m'a menacé, affirmant devant les micros :

— S'il revient, il devra faire attention à sa sécurité.

Il cherchait à m'intimider. J'ai appelé mes amis pour organiser mon retour à Bamako. Ils m'ont dit de me méfier des bagagistes à l'aéroport qui pourraient perturber mon arrivée sur le sol malien. Mais tout s'est passé normalement et j'ai repris le cours de ma vie de sélectionneur.

Nous devions disputer les éliminatoires de la Coupe du monde 2018. Nous rencontrions la Côte d'Ivoire, le Maroc et le Gabon. Je continuais de renouveler la sélection mais rien ne fonctionnait. Six matchs, aucune victoire, un seul but inscrit. Je n'avais plus le choix : j'ai quitté mon poste au terme de mon contrat. L'impatience de la Fédération, alors que la sélection était en pleine reconstruction, m'a contraint au départ. La bonne idée aurait été de laisser mûrir cette nouvelle génération talentueuse mais la dictature du résultat m'a flingué.

Mon bilan en Afrique subsaharienne est cohérent et très respectable. J'ai la fierté de dire que j'ai répondu aux attentes que l'on a placées en moi. Gabon, Mali, Sénégal : je ne suis jamais parti content. C'est ma seule frustration. Le reste est une aventure footballistique et humaine renversante ! Quand je retourne au Gabon, je ne touche plus terre, les gens m'adorent. Au Mali, nous avons fini troisièmes de la CAN, au Sénégal, j'ai mis sur orbite une génération finaliste de la CAN 2019. On le sait tous : quelques entraîneurs européens rejoignent l'Afrique avec une certaine désinvolture, traitant la fonction de sélectionneur par-dessus la jambe. Personne ne pourra dire cela de moi. Personne ne pourra dire que je ne me suis pas investi. Aujourd'hui, je peux marcher droit et regarder n'importe qui dans les yeux dans tous les pays où j'ai exercé. J'ai été honnête envers et pour les joueurs. Je suis toujours en contact avec certains. Quand je retourne au Gabon, je réunis mon ancien groupe d'internationaux et nous partageons de bons moments. Nous continuons à nous voir parce que je ne me suis pas trompé sur eux.

Ce qui valorise encore plus mon travail en Afrique, ce sont les rencontres, les moments de partage, les liens d'amitié forts et indéfectibles que j'ai noués avec les habitants. Je ne savais pas avant d'y aller que ces trois expériences africaines allaient aussi changer ma vie. Amadou « Pathé » Diallo, mon adjoint au Mali, et Charly Oniangué Ngolen, mon intendant au Gabon, sont devenus mes amis. Toute ma famille les connaît. En 2010, alors que je quittais Libreville, Charly a fondu en larmes en m'accompagnant à l'aéroport.

— Ce n'est pas possible que l'on ne se revoie pas, ce n'est pas possible, lui ai-je dit.

Et depuis nous n'arrêtons pas de nous revoir, parfois lors de moments douloureux, comme des obsèques, mais aussi pour des mariages et de grands moments de partage.

Je n'ai rien forcé, ces amitiés se sont construites naturellement. Je leur manque et ils me manquent souvent quand nous sommes séparés trop longtemps. Le fil conducteur de ma carrière, mais aussi de ma vie, c'est le facteur humain, la découverte de l'autre. En Afrique, je suis tombé sur des hommes et des femmes vrais, directs, sans détour. Je ne suis pas venu chercher cela mais c'est ce que j'ai ramené. La solidarité naturelle des Africains me sidère encore. Là-bas, les maisons de retraite, les EHPAD n'existent pas, les familles vivent ensemble et tout le monde se serre les coudes et se saigne pour l'autre. Les Africains n'ont qu'une chemise, ils vont vous la donner. À Port-Gentil pour la CAN 2017, l'éclairage sur le terrain d'entraînement était en panne. Pas d'autre choix que de programmer la séance à 15 heures sous un cagnard de dingue ! Mais c'était dangereux de pratiquer sous des températures aussi élevées et ça pouvait vider les organismes de toute énergie. Port-Gentil, c'était le lieu de résidence du président de la Fédération gabonaise, celui qui m'avait fait venir en 2006. Je me suis ouvert auprès de lui du problème et quelques heures plus tard, des remorques avec des mâts et des projecteurs en provenance de l'aéroport arrivaient au stade. Nous avons pu nous entraîner à 19 heures, à la fraîche.

Au Mali, le gardien de nuit de la Fédération, un monsieur d'un certain âge qui ne parlait pas français, m'apportait le thé quand je restais travailler tard. Un jour, son fils m'a appris qu'il était malade. Un médecin, c'était un mois de son salaire. J'ai payé. Les examens qu'il a dû passer, j'ai payé. Les médicaments qu'il a dû prendre, pareil. Quand j'ai quitté le Mali, il pleurait, disant que je lui avais sauvé la vie. J'ai aidé mon concierge d'immeuble également au Mali quand il est tombé malade. Ce sont tous ces gens, tous ces moments que je ne peux oublier et que l'Afrique m'a apportés. Grâce au continent, je ne sais pas si je suis une meilleure personne mais je suis différent.

# 12

## Encore une demi-finale !

Pour la première fois dans ma vie de sélectionneur, c'est moi qui ai entamé la démarche pour devenir celui de la Tunisie. Le pays cherchait un entraîneur, je connaissais depuis longtemps le président de la Fédération, nous nous sommes rencontrés à Toulouse et l'affaire s'est conclue. Nous étions en décembre 2018, la CAN en Égypte avait lieu six mois plus tard. J'ai signé pour un an et demi. Il m'a fixé un objectif : atteindre au moins la demi-finale, stade que la Tunisie n'avait plus connu depuis 2004. Compliqué mais pourquoi pas ?

Pour cette CAN, tous les favoris étaient qualifiés, l'Égypte, le Maroc, le Nigeria, le Cameroun, le Ghana, la Côte d'Ivoire, le Sénégal. Cet objectif élevé me stimulait. Je suis tombé sur des conditions de travail exceptionnelles ! Équivalentes à celles dont bénéficient les sélections européennes.

Du très haut standing ! Le centre sportif avec un complexe médical, un hôtel de luxe pour loger la sélection, deux terrains, dont l'un synthétique, se situait au sein de l'immense complexe fédéral au nord de Tunis. Juste à côté se trouvait l'ancien stade olympique d'El Menzah, l'enceinte qui avait accueilli la CAN en 1994. Nous nous entraînions sur les superbes pelouses annexes du stade olympique de Radès, à une dizaine de kilomètres de Tunis. Je me suis installé dans un appartement avec vue sur la mer. Mon bureau à la Fédération n'avait jamais été aussi spacieux. Mes conditions de travail étaient inédites. Mais notre préparation pour la CAN a été tronquée avec un championnat qui a fini le 15 juin alors que le rassemblement de la sélection commençait le 1er juin 2019. Le 7 juin, je ne comptais que onze joueurs disponibles sur les vingt-trois que je souhaitais amener en Égypte. Je me suis adapté, je n'avais pas le choix.

Là-bas, nous nous sommes installés sur les rives de la mer Rouge dans un complexe touristique à 60 kilomètres de Suez, où nous disputions la phase de poules. Nous étions dans le même hôtel que le Mali. Je croisais ainsi tous les jours avec plaisir mes anciens joueurs. Notre préparation tardive au complet ne nous a pas permis de commencer comme je l'avais souhaité. Nous avions du retard, l'équipe a patiné dans ce premier tour. 1-1 contre l'Angola ; 1-1 face au Mali ; 0-0 avec la Mauritanie. Nous encaisserons cinq buts en tout dans la compétition, uniquement sur des faits de jeu, pas parce que notre défense était dépassée par les événements : trois contre notre camp, deux sur faute de main des gardiens.

Malgré ce tour de chauffe laborieux, nous avons atteint les huitièmes de finale. 1-1 contre le Ghana. Tirs au but. Mon staff et notre capitaine, Youssef Msakni, sont venus me voir sur le bord de la pelouse et m'ont expliqué :

— Pensez à changer le gardien ! Farouk ben Mustapha est très bon dans les séances de tirs au but.

Je ne savais pas s'il était meilleur que Mouez Hassen dans cet exercice mais j'ai suivi leurs recommandations. Psychologiquement, ce changement pouvait déstabiliser l'adversaire alors j'ai validé cette décision. Mouez l'a très mal pris. Il est devenu fou de rage et a mis de longues secondes à sortir du terrain avant que ses partenaires ne le calment. Farouk a repoussé un tir au but, nous avons marqué les nôtres. Qualification pour le quart de finale.

La colère de Mouez avait disparu et j'étais content pour Farouk, que j'avais sorti après sa mauvaise performance contre l'Angola lors du premier match. Contre Madagascar au tour suivant, j'ai remis Hassen dans les buts et nous l'avons emporté 3-0 contre l'invité surprise de ces quarts, un adversaire qui jouait à l'énergie, avec une solidarité et une générosité qui usaient.

Notre maîtrise et notre expérience nous ont permis de surmonter l'obstacle et d'atteindre l'objectif fixé six mois plus tôt : le dernier carré de la compétition. Contre qui ? Le Sénégal ! J'ai le chic pour ce genre de chose. Après avoir quitté le Gabon, je l'ai affronté. Pareil après le Mali et maintenant, au tour du Sénégal ! Je sais que si je retrouve un banc, je tomberai un jour sur la Tunisie !

Nous avons produit face à mon ancienne équipe notre meilleure performance de la CAN, un super match. Jusque-là, nous étions « juste » costauds, solides pendant les rencontres, avec un manque de précision offensive. Cette fois-ci, particulièrement après la pause, nous avons enchaîné les occasions de buts, nous avons même raté un penalty. Le Sénégal aussi, détourné par Mouez Hassen. Prolongation. Mouez est mal sorti et nous avons concédé un but contre notre camp. Défaite 1-0. Pas de finale.

Dans une compétition longue et éprouvante, nous avons atteint notre objectif mais les regrets étaient énormes. J'étais conscient de nos difficultés dans le jeu, de nos défauts, mais nous sommes parvenus en demi-finale. L'Égypte, le pays hôte, l'un des plus grands favoris, avait remporté ses trois premiers matchs de poule et s'était fait éliminer en huitièmes de finale. Le Maroc et la Côte d'Ivoire, sortis. Nous, nous ne nous sommes jamais démobilisés malgré un parcours chaotique. Nous étions focalisés sur ce dernier carré de l'épreuve à rejoindre et nous avons réussi, tour après tour, à rester concentrés sur notre voie. Malheureusement, nous avons terminé quatrièmes, battus par le Nigeria de Gernot Rohr, qui n'était jamais très loin de moi, on dirait. Même trente ans après un Bordeaux-Marseille…

Notre retour au pays après cinquante jours interminables en Égypte m'a semblé surréaliste. À écouter l'opinion publique, les médias, j'avais l'impression que nous n'avions pas passé le premier tour. Les Tunisiens avançaient l'idée d'une CAN ratée alors que le pays attendait cette demi-finale depuis quinze ans. Étrange. Cette bizarrerie a même gagné le sommet de la Fédération : le président m'a proposé une résiliation à l'amiable, à onze mois de la fin de mon contrat. Nous n'étions pas en phase, je n'ai même pas essayé de protester ni de me défendre. Nous avons trouvé un terrain d'entente financier. Et puis l'un de mes deux adjoints n'avait cessé de me mettre des bâtons dans les roues… Avant ma nomination, il avait assuré l'intérim et se voyait sélectionneur national. Il n'avait pas obtenu le poste et je n'y étais pour rien. Son attitude sur le banc de touche était totalement déplacée. Il était surexcité, il invectivait nos joueurs. J'avais besoin d'un second calme et qui m'apporte une analyse différente de la mienne, pour confronter nos points de vue. Avec lui, ce n'était pas possible. Je lui ai expliqué qu'il ne pouvait pas avoir ce comportement mais il a continué quand même. Je n'aurais pas dû le prendre mais je ne pouvais pas le savoir avant. Nous ne nous parlions plus pendant la CAN. Il ne m'a pas déçu : la déception arrive quand l'on tient à des gens. Lui, je l'ai zappé très vite, sinon, nous n'aurions pas atteint la demi-finale.

L'essentiel était là : j'avais rempli l'objectif fixé contre toute attente. J'espère qu'un jour, ce court passage en Tunisie sera analysé avec plus de justesse qu'après la CAN, quand l'aventure s'est achevée avec fracas.

## 13

## Pour un football à visage humain

À travers mon parcours d'entraîneur et de sélectionneur, ou simplement ma vie de footballeur, j'ai vu ou vécu des situations qui suscitent beaucoup de fantasmes. J'ai envie de vous parler de la vérité de ce que je connais. Prenons, par exemple, la religion, l'islam plus précisément. Je sais qu'en France, nous avons des problèmes pour vivre les uns avec les autres, quelles que soient nos origines et nos différences. Mais laissons les gens vivre comme ils le veulent ! En Afrique, j'ai partagé des instants de vie avec des hommes d'autres cultures, d'autres religions, et ces échanges m'ont nourri, ouvert, enrichi. La religion n'a jamais été un problème dans les sélections que j'ai dirigées. Aucun international n'est venu me demander une dispense d'entraînement ou de match en raison de sa foi. Il suffit d'un peu d'adaptation, de souplesse et de respect mutuel et tout se passe en bonne intelligence.

En fonction de l'heure de la prière ou du ramadan, je décalais les séances d'entraînement. Si la rupture du jeûne intervenait à 19 heures, j'avançais la séance à 17 heures. Et le lendemain, je les laissais dormir. Souvent le ramadan tombait en période de compétition et chaque joueur, en conscience, avait le droit à un aménagement. Cela dépendait vraiment de lui et cela relevait de la liberté individuelle.

Les répercussions physiques existent dans des pays où le soleil peut se lever à 5 h 30 et se coucher à 22 heures. Le mot d'ordre, c'était : chacun sa conscience et sa liberté. Je suis croyant, catholique. À Dakar, j'allais à la messe. J'aimais bien discuter de la foi avec mon staff ou les joueurs. Au Mali, Hamari Traoré résumait le football – les matchs, les entraînements, la victoire, la défaite – au désir et à la volonté de Dieu. C'était un professionnel très sérieux, consciencieux, mais je lui expliquais, sans prétention et avec respect puisque je suis croyant moi-même, les limites de son raisonnement.

— Je te comprends mais Dieu ne peut pas s'occuper de tout, pas d'un match de football en tout cas. C'est d'abord à toi de tout faire pour l'équipe, et après, Dieu va t'aider.

Dieu ne choisit pas un camp plus qu'un autre, de faire gagner le Gabon et pas le Mali, de favoriser la Tunisie et pas le Sénégal. Cela ne se passe pas comme ça. Mais franchement, à part ce dialogue dont je me souviens, la religion n'a jamais pris aucune place dans mes échanges avec les internationaux. Elle occupait plus les conversations avec mon staff mais comme on peut, le soir autour d'un café entre camarades, discuter de politique, de la société, d'économie quand vient l'heure de refaire le monde juste avant de se coucher. Un sujet banal, somme toute.

En revanche, j'aimerais davantage m'appesantir sur les dérives du *foot business*. Le problème est urgent, on peut même parler de fléau. La multiplication des compétitions me semble une vraie menace. Les saisons deviennent surchargées avec des calendriers anarchiques et une cadence dangereuse imposée aux joueurs. Des compétitions fleurissent chaque année sans que l'on en comprenne les tenants et les aboutissants. Nous sommes arrivés au maximum des compétitions possible et de ce qu'un footballeur peut être amené à disputer sur une saison. Les instances mettent en danger et la santé des joueurs, et le football en tant que jeu et spectacle. J'ai l'impression qu'on invente des épreuves tous les jours !

Coupe du monde, tournois continentaux (CAN, Euro, Copa) et compétitions de clubs (championnats et Ligue des champions), j'estime que cela suffit. Ajouter sans cesse, c'est pervertir l'idée même de compétitivité. C'est une fuite en avant pour répondre à des impératifs de business, pour satisfaire des sponsors. Mais ce n'est pas ça, le football. On ne joue pas au football pour les partenaires commerciaux – ou alors je suis passé à côté de quelque chose dans ma carrière.

Le football subit une autre menace, concernant l'actionnariat des clubs. De plus en plus, ils sont rachetés par des États très riches, des milliardaires, des entrepreneurs fortunés sans réelle passion pour le football. Je ne crois pas que nous puissions lutter collectivement contre ce phénomène. Le football ne peut s'extraire de l'évolution de la société, qui voit ces mêmes puissances investir ailleurs que dans le sport. Évolution de la société ne signifie pas qu'il s'agisse d'une bonne chose.

Ce qui me dérange, c'est que ces clubs perdent soudainement leur identité, leur spécificité, leurs représentations locales et régionales. Je sais de quoi je parle avec les Girondins de Bordeaux qui ont été repris par des investisseurs américains, du nom de King Street. Ce fonds d'investissement a décidé de se retirer le 22 avril 2021. Que venait-il faire aux

Girondins ? Du business ! Les Américains n'ont jamais pris la mesure de ce qu'était un club de football. Ils l'ont dégradé, d'un point de vue sportif, financier, populaire et médiatique. Chaque club possède une identité liée à son histoire. Les clubs anglais parviennent à la respecter malgré des capitaux étrangers à Manchester United ou à l'Arsenal. Peut-être que les écuries du Royaume-Uni sont des institutions plus fortes qu'en France, plus solides et incarnées.

Pourtant, les Girondins de Bordeaux appartiennent au patrimoine de la ville. Je n'ai aucun droit et je ne revendique rien. Mais je reste attentif. Je suis girondin. J'y suis resté vingt-deux ans. Aucun joueur n'a plus porté ce maillot que moi, aucun joueur n'a mis plus de buts que moi avec les couleurs marine et blanc. Je ne me suis pas mis au football pour atteindre ces deux records mais je les ai battus et j'en suis fier. Je suis un supporter de Bordeaux et je le resterai jusqu'au bout. Quand Bordeaux évoluait en Division 2, j'allais voir les matchs à Lescure. Je suis marine et blanc à vie. J'incarne un morceau de l'histoire de ce club. Quand j'y retourne, tout se passe sans chichis. Les Girondins, le public de supporters, m'apprécient, je crois, parce que je suis l'un des leurs, originaire de la région. On m'aime à travers le joueur que je fus et le Girondin que je suis toujours. Claude Bez, qui a donné au club une nouvelle dimension en 1978, parlait de « l'esprit girondin ». C'était son slogan, sa devise, sa marque de fabrique. Je n'aimerais pas qu'une reprise en main des Girondins modifie cette histoire. Il faut tout faire pour préserver cet ADN tout en se conformant au monde d'aujourd'hui. Il ne s'agit pas de vivre dans le passé ou la nostalgie d'une époque qui n'existera plus. Lyon, sous Jean-Michel Aulas et avec Bernard Lacombe en conseiller, a réussi à s'adapter aux exigences du *football business* tout en respectant ses racines profondes. Voilà le modèle que j'aime. Je ne suis pas lyonnais mais je me reconnais dans ce travail. Je reconnais mes valeurs. L'OL est coté en Bourse, s'est doté d'une envergure internationale tout en conservant son âme lyonnaise. Donner aux clubs les moyens de fonctionner dans l'économie si particulière du foot est une nécessité, mais cela ne doit pas se faire au détriment de l'esprit et des traditions du club. Nous ne sommes pas en Amérique.

Mon sport subit des attaques venant de partout. La pire est celle qui consiste à nier la mixité sociale et ethnique au sein des équipes. Heureusement, je n'ai jamais vécu en Afrique de situations où le racisme l'avait emporté. Mais il existe, en général, un laxisme dans la lutte contre le racisme sur les terrains du monde entier. Il faut tout simplement virer les racistes des stades, il n'y a pas à hésiter et je ne comprends pas que ce ne soit pas encore le cas. Je ne suis pas pour l'interruption du match en cas de cris racistes à l'adresse d'un joueur. Cela entraînerait des batailles interminables entre ceux qui veulent rejouer la rencontre, ceux qui ne veulent pas, des discussions pour savoir s'il faut reprendre à la minute où la partie a été arrêtée avec le score acquis à ce moment-là ou recommencer dès le coup d'envoi à 0-0. L'autre risque est que les supporters, mécontents du score de leur équipe, se mettent à proférer des cris racistes pour interrompre le match si c'est devenu la règle. Enfin, si je décide de quitter la pelouse, je pénalise mon équipe. Que je le veuille ou non, le match, ce n'est pas *mon* match.

Alors je ne vois qu'une solution : interpeller les fautifs et les interdire de stade. Il y a des caméras de vidéosurveillance sur à peu près tous les stades en Europe. On arrive à identifier ceux qui manient des fumigènes mais pas ceux qui vocifèrent leurs paroles de haine ? Je ne comprends pas. Ils crieront leurs insultes racistes à un match mais pas lors des suivants puisqu'ils auront été identifiés. Pendant ou après le match. Je ne sais pas quel est le bon moment pour les arrêter et leur signifier leur interdiction de stade, mais cela me semble envisageable et surtout souhaitable. Je ne dis pas que c'est facile, je souligne simplement que cette solution existe.

Le football possède donc une part sombre. Je ne l'ignore pas, je baigne dans ce milieu depuis plus de cinquante ans. Mais ce jeu est aussi lumineux. Si rien ne dépasse en termes d'émotions et de sensations le métier de footballeur, celui d'entraîneur, et surtout de sélectionneur, donne aussi beaucoup de satisfaction. Est venu pour moi le moment de vous parler de ma conception de ce métier qui a animé ma deuxième partie de vie.

Il existe deux façons d'envisager le métier d'entraîneur. Ou bien il choisit un système de jeu et prend des joueurs capables de s'adapter à son organisation, ou bien il met en place le schéma qui répond le mieux au profil des joueurs dont il dispose. Je suis de cette école-là. Les données tactiques varient en fonction du niveau des joueurs. Quand j'ai sous la main un groupe de moindre niveau, je dois compenser le manque de qualité technique par une organisation extrêmement stricte, avec un travail tactique conséquent. Avec un effectif talentueux, qui montre des aptitudes dans la réflexion sur le jeu, le travail tactique est moins développé.

Si on donne trop de consignes, si on met les joueurs à des postes précis qui ressemblent à des cases, on risque d'obtenir l'effet inverse de celui souhaité. On annulerait leur instinct naturel de compréhension du jeu, d'expression technique personnelle. Si l'équipe est équilibrée, les joueurs techniquement au-dessus de la moyenne bénéficient d'une liberté certaine. Mais je rappelle toujours que cette liberté est conditionnelle. Il ne s'agit pas de faire son petit numéro perso mais d'utiliser cette liberté pour se montrer performant et efficace. Un défenseur habile techniquement n'est pas là pour s'amuser à dribbler. Il doit se mettre des garde-fous et savoir quoi faire au bon endroit du terrain.

J'ai commencé à entraîner il y a un quart de siècle et la principale différence ne concerne pas l'évolution tactique mais les moyens mis à la disposition de l'entraîneur. Les données médicales et scientifiques ont révolutionné le football dans sa préparation mais pas dans son exécution. Un joueur qui a les pieds carrés, il y en avait en 1980, en 2000, en 2020 et il y en aura encore en 2040.

La machine pour les transformer en bons joueurs n'existe pas. En revanche, la technologie modifie en profondeur l'approche de l'entraîneur. Mais encore faut-il savoir utiliser les données qu'elle produit. Quelle est la valeur d'une statistique ? Prenons un exemple : une équipe a couru 80 kilomètres pendant un match. Il y a donc un problème puisque la norme se situe plutôt autour de 110 ou 120 kilomètres pour les dix joueurs de champ alignés au coup d'envoi (le gardien de but n'est évidemment jamais pris en compte dans ce calcul). Donc, avec les 80 kilomètres obtenus, il s'est passé quelque chose. Les spécialistes vont en déduire que cette équipe s'est moins battue que l'autre, qu'elle a fourni moins d'efforts puisqu'elle a moins couru que d'habitude ou qu'elle est en dessous de la moyenne généralement observée.

Pourtant le nombre de kilomètres parcourus ne définit pas la beauté du match ni d'une équipe. Lionel Messi effectue peu de kilomètres par rencontre mais est-il moins performant ? Tout le monde possède la réponse. La synthèse des éléments à disposition permet d'évaluer la préparation collective et individuelle, d'analyser chaque poste, mais ne donne pas de valeur qualitative. J'aime connaître le nombre de kilomètres parcourus, les sprints à haute intensité de chacun, le nombre de ballons touchés, perdus, dans quelles zones du terrain. Un joueur, en moyenne, touche le ballon une minute trente à deux minutes en quatre-vingt-dix minutes de jeu. Trois minutes, c'est le maximum. Mon travail consiste à développer son aptitude à manier le ballon. L'œil de l'entraîneur demeure sa meilleure arme, plus que les données statistiques. La sensibilité à la technique et la vision du jeu ne se mesurent pas avec la science.

Peut-être la technologie nous aide-t-elle à éviter des erreurs. Quand j'étais joueur, la récupération d'après-match commençait dans des bains chauds. Depuis plusieurs décennies, on fait le contraire. Après les rencontres, les joueurs passent leur temps dans des bacs d'eau glacée. La cryothérapie est devenue la norme. Pourtant, je ne viens pas de la préhistoire. En 1988, je jouais encore en première division. Quand j'ai commencé le football à 12 ans, il n'était pas question de boire de l'eau pendant le match ou à la mi-temps. L'idée reçue consistait à dire que s'hydrater allait nous couper les jambes.

Lors de mon premier lever de rideau avec les Girondins à Lescure, mes lèvres étaient en plâtre à la fin du match ! Heureusement que la science, la médecine ou le bon sens nous permettent d'évoluer. Mais je le répète encore et encore : le football, c'est un rectangle vert où deux équipes de onze joueurs s'opposent. Si la science n'est utilisée que pour transformer le joueur en bête athlétique, ce jeu perdra son essence même et sa raison d'être. Le football n'est pas un 100 mètres ou du saut en hauteur. Améliorer les capacités d'aérobie du joueur est primordial mais le plus important, dans la course du joueur, ce sont ses appuis et notamment ses premiers appuis. C'est ce qui va lui permettre de faire la différence.

La dimension athlétique s'améliore, se travaille. La technique aussi mais le joueur a une base ou ne l'a pas. Quand j'assiste à des matchs de jeunes, je vois des enfants de 10 ou 12 ans qui pourront y passer une vie sans y arriver. Le football est fâché avec eux et rien n'y fera, pas même l'entêtement. La première règle est la maîtrise technique du ballon. Mais elle ne lui ne sert à rien si le joueur ne développe pas par la suite des qualités athlétiques et mentales.

L'entraîneur choisit sa tactique, synthétise des données scientifiques, s'adapte au profil de ses joueurs (en tout cas dans ma vision du métier) mais il reste encore un travail : la gestion humaine d'un groupe. Elle est rendue doublement compliquée par deux évolutions, l'une liée à la société en général, l'autre au football en particulier.

Le rapport à l'autorité a changé au fil du temps. Au collège, au lycée, le sens de la hiérarchie n'a plus rien à voir avec ce qu'il était à mon époque. Le football n'y échappe pas avec un rejet des décisions, une impatience exacerbée. Il faut composer avec, asseoir son autorité, fixer des règles et ne pas lâcher, comme le jour où « Djila » Diarra m'a sondé lors de notre premier rassemblement avec le Mali et l'histoire des sodas.

Ce qui n'a pas changé, c'est la concurrence au sein d'un effectif. En club comme en sélection, un groupe réunit vingt-trois à vingt-six professionnels normalement. Ils vivent ensemble, s'entraînent ensemble, ils doivent, nous devons, avec l'entraîneur, créer un état d'esprit collectif mais cette vingtaine de joueurs sont en concurrence. Dans le lot, certains ne joueront peut-être jamais, ou pas beaucoup. L'entraîneur effectue ses choix selon ses convictions et en se montrant le plus honnête possible. Je raisonne en tant que responsable d'un groupe qui cherche à aligner la meilleure équipe. Je ne suis guidé que par ce principe et ce cap et je n'en dévie jamais. Dans des clubs ou des sélections, certains se retrouvent titulaires parce qu'ils ont le même agent que l'entraîneur ou le sélectionneur. Une dérive qui fait beaucoup de tort à l'équipe, à l'idée du collectif. Les dés sont pipés. Il ne faut pas tomber là-dedans et j'ai évité ce piège, même si je n'ai pas eu à me forcer. Je ne suis peut-être pas le meilleur entraîneur du monde mais je suis honnête.

Dans mon fonctionnement, j'ai toujours privilégié les entretiens individuels avec les joueurs. Je veux une individualisation de l'objectif. Ce sont des professionnels, il faut les conditionner, les responsabiliser pour qu'ils s'imprègnent des exigences personnelles demandées dans un cadre collectif. J'aime aussi débriefer les rencontres avec eux. Après une mauvaise performance, je ne cherche jamais à les enterrer ni à les fracasser. Je suis là pour les aider à comprendre pourquoi ils n'ont pas été bons, pourquoi ils n'ont pas répondu aux attentes. C'est un échange, pas un défouloir.

L'autre écueil dans la gestion de groupe relève de la médiatisation du foot et du statut du joueur roi, celui qui est non seulement footballeur mais aussi à la tête d'une PME dédiée à sa gloire, avec ses réseaux sociaux, ses communicants, ses conseillers, ses agents. Les choix de l'entraîneur peuvent dégrader son aura, son pouvoir, son standing. S'il n'est plus titulaire, il perd de la valeur marchande et économique, ses contrats se renégocient à la baisse. Leurs agents, qui sont omniprésents (moi, je n'en ai jamais eu), agitent parfois le chiffon rouge devant eux pour envenimer la situation et ne facilitent pas le travail du coach. Alors il faut en tenir compte mais ne pas céder.

On ne construit pas une équipe en fonction des statuts des uns et des autres mais selon ce que l'on croit juste et bon pour le collectif. Si cela froisse la star du groupe, tant pis, même s'il faut toujours s'adapter et n'éliminer personne dans un effectif. La psychologie fait partie intégrante du bagage de l'entraîneur. S'il n'en a pas, il n'ira pas loin dans un football où les comportements individuels prennent de plus en plus de place, même si je trouve que ces dérives sont moins présentes en sélection qu'en club.

La psychologie consiste aussi à mettre de l'eau dans son vin ou à s'adapter au principe de réalité. Lors de mon passage au PSG de juin à octobre 1998, un joueur a refusé d'effectuer un travail athlétique. Il est parti pendant la séance. Devant tout le monde. Forcément, votre autorité en prend un coup. Ce joueur était une star, je ne pouvais pas l'enlever de l'équipe. J'étais piégé ! Comme aujourd'hui, n'importe quel entraîneur du PSG est piégé par Neymar qui fête ses anniversaires entre deux matchs. Comment faire pour mettre fin à cela quand on est l'entraîneur ? Je n'ai pas la réponse.

Parfois, les joueurs vous tiennent parce qu'ils se croient plus importants que l'équipe, que le groupe, que l'entraîneur. Mais est-ce un problème de club ou d'entraîneur ? C'est aussi cela, un entraîneur : il ne maîtrise pas tout, il existe des choses qui lui échappent. Le coach n'est pas tout-puissant. Et devant les micros, il ne peut pas tout dire. Il y a comme un code interne aux entraîneurs, une sorte de secret professionnel : je ne livre pas publiquement les états d'âme des joueurs, leurs manques, leurs soucis intimes. J'ai souvent pris à mon compte un problème qui relevait du club et non de ma fonction ou de ma gestion pour éviter un déballage public qui aurait nui à tout le groupe que je dirigeais.

Seulement, le travail de l'entraîneur est aujourd'hui sous le feu constant de la surexposition médiatique. Il est relié de manière souvent trop brutale aux résultats de son équipe. Elle gagne, il est bon ; elle perd, il est nul. Tout le monde pense ainsi. Dans les deux cas, ce n'est pas aussi simple. L'entraîneur crée un collectif mû par un état d'esprit, favorise la dynamique et doit susciter l'adhésion de son groupe. Mais le match appartient aux joueurs. Ce sont eux qui animent le jeu. Parfois, ils se replacent mal, ne respectent pas les consignes.

Le métier d'entraîneur nous renvoie à notre humilité tandis que des observateurs nous guillotinent à la moindre défaite. La réalité est complexe mais l'époque n'est pas à la nuance. Il faut des coupables et vite ! Où commence et où s'arrête la responsabilité de l'entraîneur ? Nous sommes sur un équilibre fragile.

Ma saison à Paris a vu trois entraîneurs passer pour des résultats à peu près équivalents. Le mal était plus profond qu'un simple problème de coach. L'exercice le plus facile consiste à critiquer après coup le choix de l'entraîneur sur la titularisation de tel ou tel. « Pourquoi a-t-il aligné celui-là ? » se demandent les commentateurs au mépris du travail réel d'une semaine d'entraînement. Il existe des joueurs médiocres toute la semaine aux séances et pourtant très bons en match. Une semaine de travail ne permet pas de présager de la performance que l'équipe va livrer.

On voudrait que l'entraîneur limite le manque de performance de son onze. Mais ce sont des hommes qui jouent une rencontre de football, et les hommes sont faillibles, avec leurs coups de moins-bien, une vie privée parfois difficile, une séparation qui se profile, un enfant malade, un décès dans la famille, des perturbations de tout ordre. Le mental interfère énormément dans la performance. Aucune équipe ne domine jamais de A à Z une compétition de son début à son terme. Impossible.

Les médias, et donc par ricochet le public, réclament l'impossible aux entraîneurs. Tout le monde donne son avis sur la composition des équipes sans connaître les coulisses, ce qui se trame en arrière-cuisine. Bien sûr, il m'arrive moi aussi d'être surpris par une composition d'équipe mais j'essaie de comprendre avant de juger. L'hystérie des commentaires et des commentateurs va jusqu'à condamner Aimé Jacquet avant que la compétition n'ait lieu ! On l'a tué avant que la Coupe du monde 1998 ne commence. C'est grave ! Et totalement insupportable.

Je sais que je n'entre pas dans la catégorie du grand entraîneur. Je n'en ai pas les critères. Est désigné grand entraîneur celui qui possède des titres. Moi, j'appartiens à la famille des bâtisseurs. Je suis le technicien qui construit un groupe, lui permet de progresser, souvent dans le cadre de la sélection. Je me fie au retour de mes joueurs. Je sais reconnaître la sincérité et les faux-semblants de ce milieu et je peux l'affirmer avec franchise : la plupart de mes joueurs m'ont adoré. Nous avons tissé ensemble des liens qui survivent à mon passage à la tête de leur équipe nationale. Je reste en contact avec beaucoup. Pourtant, nous ne travaillons plus ensemble, nous nous voyons moins. C'est mon trophée à moi. Plutôt que de regarder des coupes sur l'étagère de mon salon, j'ai la satisfaction du devoir accompli et ça vaut de l'or ! En Tunisie, lors d'une émission de télévision, un journaliste m'a opposé :

— Le grand entraîneur se reconnaît à son palmarès.

Si je comprends bien, à l'issue d'une Coupe du monde, il y a donc un grand entraîneur et trente et un mauvais. Ces bêtises finissent souvent par me lasser.

Dans ce contexte, certains entraîneurs s'en sortent mieux que d'autres grâce à la communication, devenue une sorte d'alpha et d'oméga de sa compétence. Si un coach parle bien, on en déduit qu'il est bon. S'il n'est pas à l'aise devant les micros, on estime qu'il n'est pas qualifié pour exercer son métier. Au bout de huit journées de championnat, un entraîneur en manque de résultats voit son poste menacé. Mais celui qui communique bien sera moins menacé que celui qui communique mal. Deux poids, deux mesures.

Je me suis amélioré dans ce domaine, j'essaie de donner des explications concrètes et de ne pas pratiquer la langue de bois. Mais au Sénégal, je n'ai pas été bon. Je n'ai pas adopté le bon comportement devant la presse, nous sommes entrés dans une guéguerre stérile. Nous ne parlions plus des matchs ou du jeu. Le face-à-face médiatique tournait au jeu de massacre, à l'affrontement personnel. Même si sur le fond, je continue de penser que j'avais raison, je n'aurais pas dû agir ainsi. Je ne suis pas parfait. J'ai un caractère rancunier. Avec moi, il n'y a pas de recours. J'ai toujours été comme ça. Quand je me fâchais, c'était fini. Je me suis embrouillé avec des journalistes pendant ma carrière aux Girondins. Quand ils m'ont appelé plus tard sur tel ou tel sujet lié au football, j'ai raccroché d'emblée. Je n'ai aucune indulgence et le jugement de première instance est confirmé en appel ! Pareil sur le terrain. Des défenseurs passaient quatre-vingt-dix minutes à me mettre des coups et, à la fin, voulaient échanger mon maillot ou, pis, s'excuser ? Ils ne voulaient pas que je les emmène au restaurant non plus ? Non, ce n'est pas possible, ça. Il n'y aura pas de maillot, pas d'accolade, pas de pardon, rien. Je suis raide sur ces questions, je le concède.

Je n'aime pas que les journalistes me cherchent parce que j'estime effectuer mon travail avec honnêteté, confiance et investissement. Au Sénégal, je me suis crispé parce que je ne parvenais pas à me faire comprendre et respecter. Je me suis ouvert depuis mais je ne changerai pas mon image. Quand je me suis mis à danser le zimbo après notre troisième place avec le Mali en 2012, certains m'ont confié leur surprise. Le gai luron qui s'amuse, qui déconne, ce n'est pas l'idée que l'on a construite de moi. Danser, ce ne serait pas moi. Pourtant, je vous l'assure : ceux qui passent un moment avec moi ne portent pas plainte ! Il ne faut jamais se fier aux apparences. Je ne calcule pas. Je suis comme je suis. Je préfère que cela plaise mais tant pis s'il n'y a pas d'adhésion. Je n'ai jamais triché dans mon comportement pour attirer une faveur ou essayer de me donner un rôle, endosser un costume qui ne serait pas le mien. Ma vie se résume ainsi : j'ai toujours tout donné pour développer mes mérites et démontrer que j'avais l'étoffe pour jouer à Bordeaux et en équipe de France. Avec une seule méthode : rester vrai.

# Épilogue

Enfant, on rêve. Avec l'espoir que ce rêve se réalise ou que la vie s'en approche le plus possible. Petit, je voulais jouer au sein des Girondins de Bordeaux puis porter le maillot de l'équipe de France. Je n'avais pas le mode d'emploi, je ne savais pas comment m'y prendre mais quand je m'endormais, c'étaient les images qui peuplaient mon décor intime.

Je m'aperçois que la réalité, ma réalité, a dépassé mes rêves. J'ai enfilé la tunique marine et blanc, j'ai enfilé le maillot bleu de la sélection et avec l'un comme avec l'autre, j'ai gagné des titres, le championnat de France en 1984 et 1985, la Coupe de France en 1986 et le championnat d'Europe 1984, pour n'évoquer que les trophées collectifs. Quand, à 32 ans, je suis monté avec mes partenaires en tribune présidentielle du Parc des Princes chercher la coupe d'Europe 1984 remise par

Jacques Georges, avec François Mitterrand à ses côtés, je me suis dit : « Ce moment-là, cet instant où je vais soulever ce trophée, je l'ai imaginé toute ma vie ! »

J'ai eu un parcours hors normes. J'ai une passion et j'ai vécu avec elle, j'ai grandi avec elle, je me suis éclaté à travers elle. Je ne pouvais pas espérer mieux. Alors bien sûr, rien n'a été simple. Parfois – souvent – ce fut très contraignant, toujours exigeant, mais je n'ai pas traversé ces années-là en raisonnant ainsi. Au milieu de cet océan de complications, moi je vivais sur mon île de sable blanc, une île aux contours des frontières du football. Je me rends compte des chausse-trappes aujourd'hui mais sur le moment, j'étais à fond dans ma passion. Tout ce que j'ai connu, je ne l'imaginais même pas. J'en ai pris plein les yeux et plein le cœur. Oui, ma vie est allée au-delà du rêve.

Table

*Composition réalisée*
*par Rosa Beaumont*

Imprimé en France par CPI
en mai 2021

MIXTE
Papier issu de
sources responsables
FSC® C003309

L'éditeur de cet ouvrage s'engage dans une démarche
de certification FSC® qui contribue à la préservation
des forêts pour les générations futures.

Pour en savoir plus :
www.editis.com/engagement-rse/

N° d'édition : 60382/01 – N° d'impression : 3043818

Canoros
Vehit
Canentes